Fluch-Buch
FÜR KREATIVE

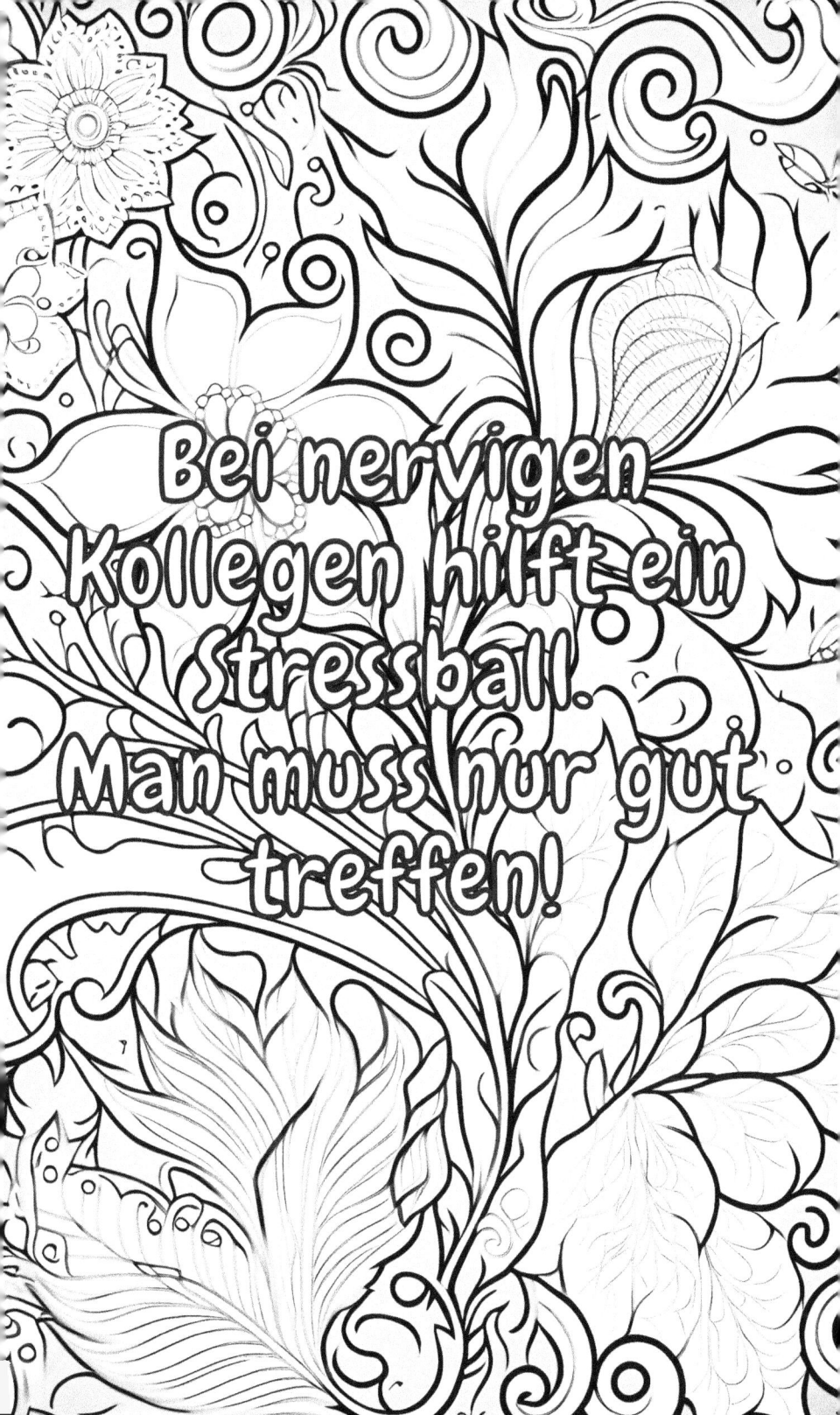

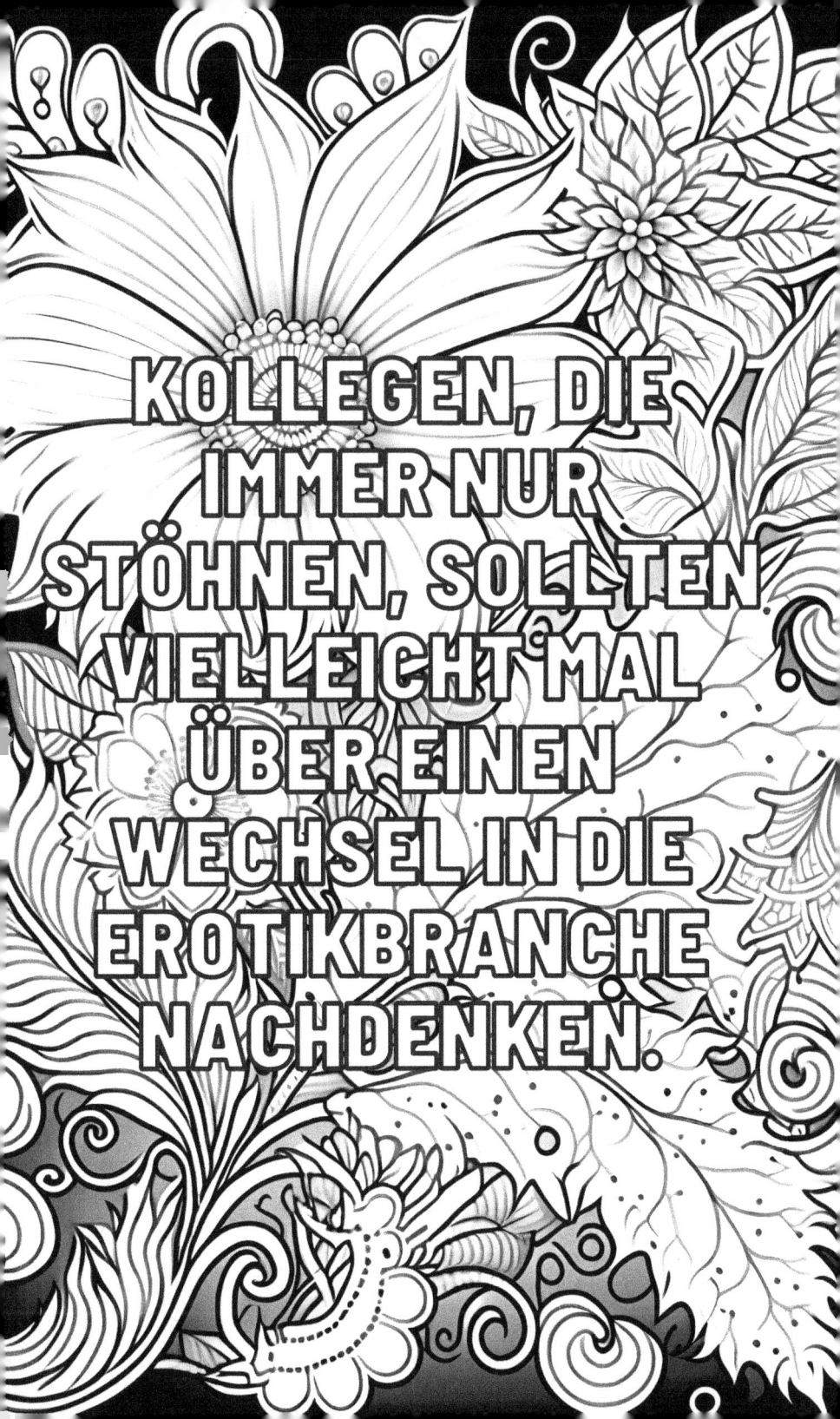

KOLLEGEN, DIE IMMER NUR STÖHNEN, SOLLTEN VIELLEICHT MAL ÜBER EINEN WECHSEL IN DIE EROTIKBRANCHE NACHDENKEN.

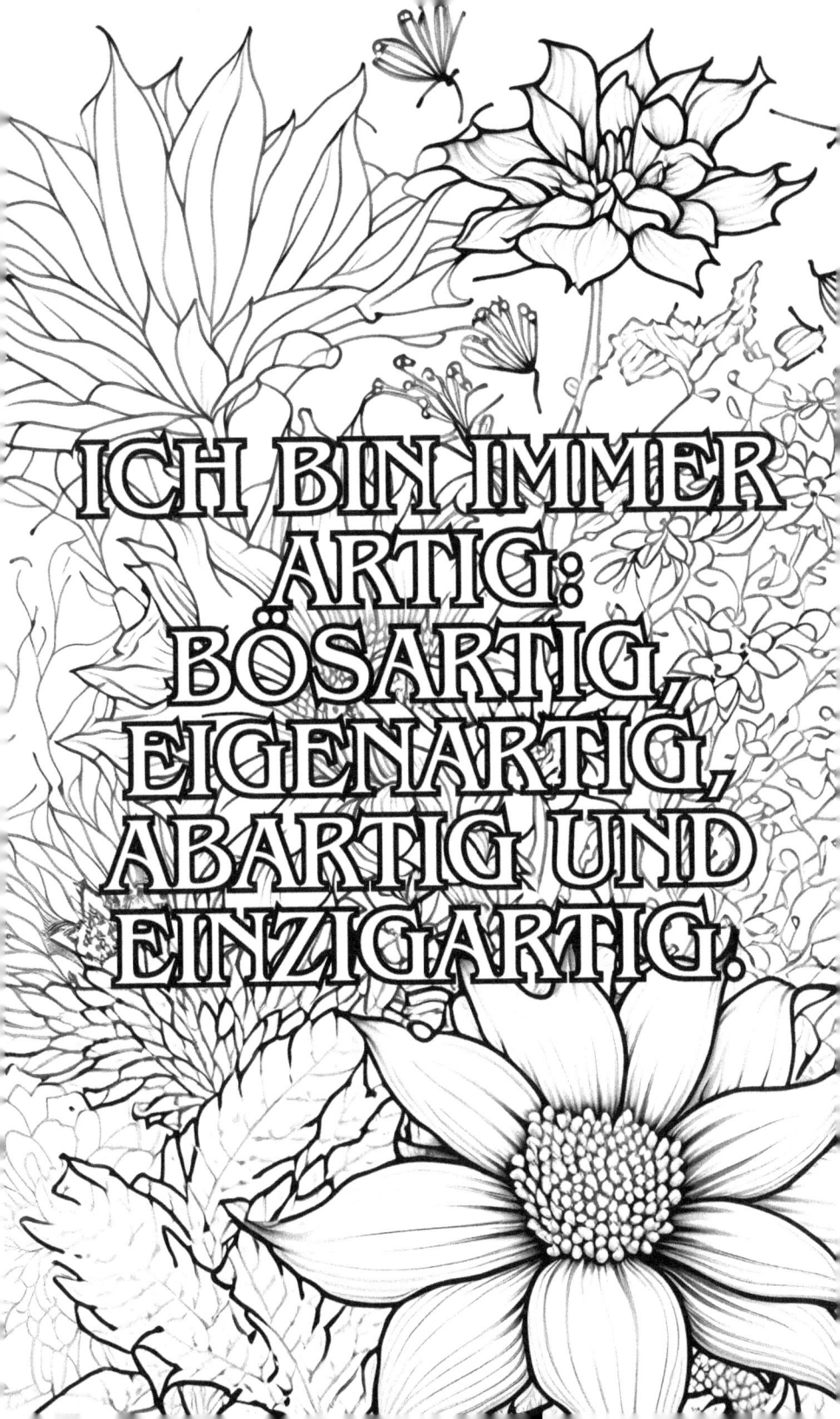

ICH BIN IMMER ARTIG: BÖSARTIG, EIGENARTIG, ABARTIG UND EINZIGARTIG.

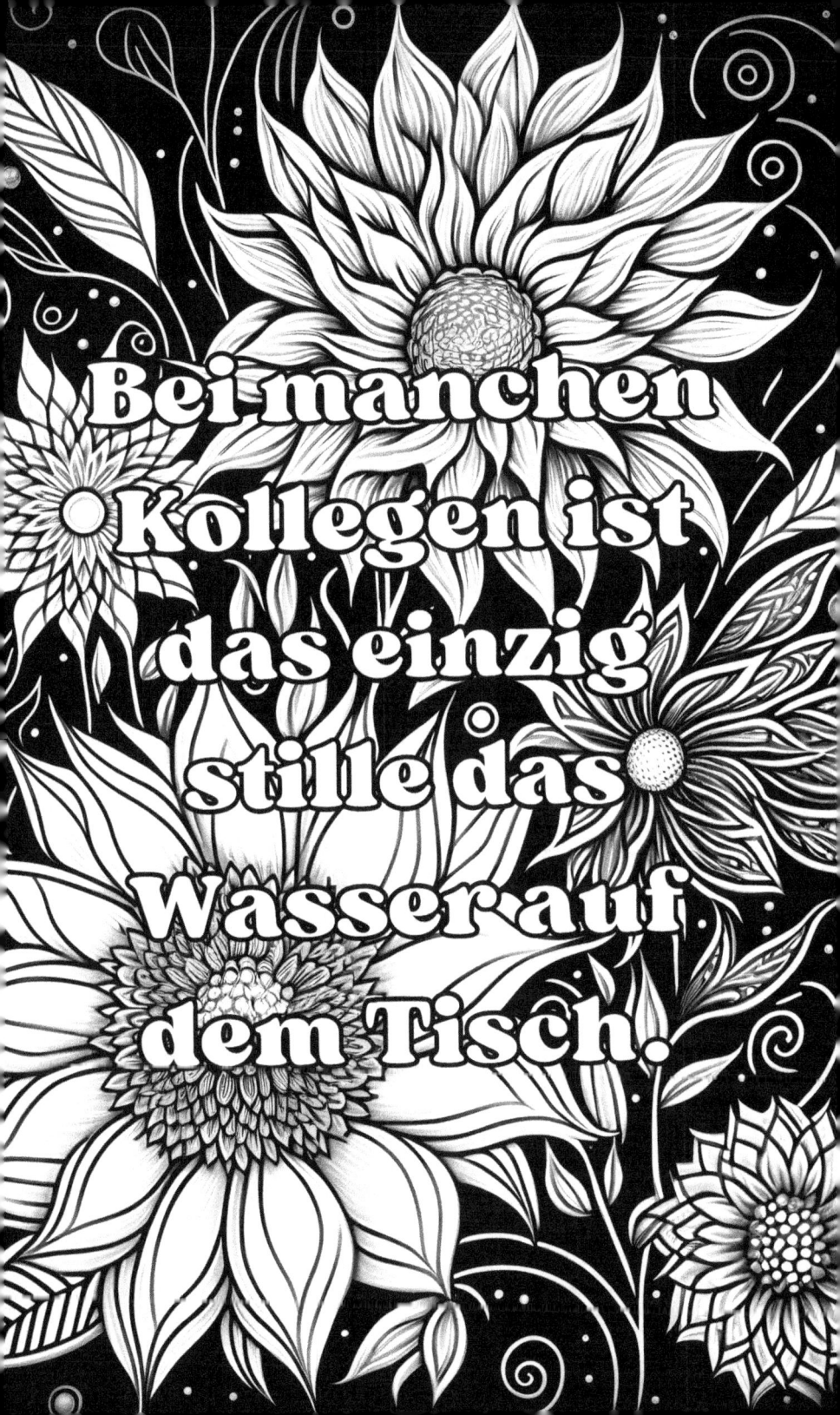

Bei manchen Kollegen ist das einzig stille das Wasser auf dem Tisch.

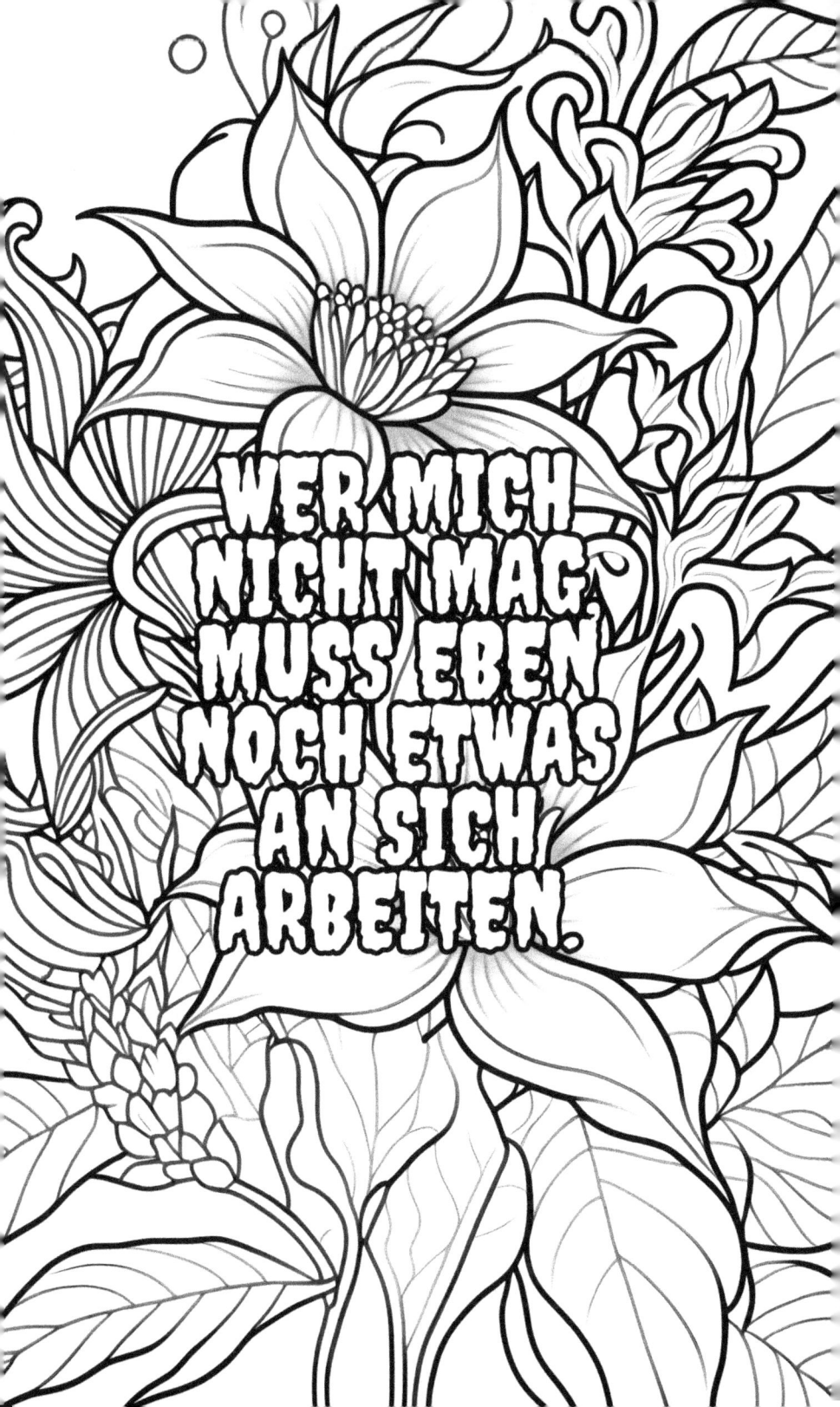

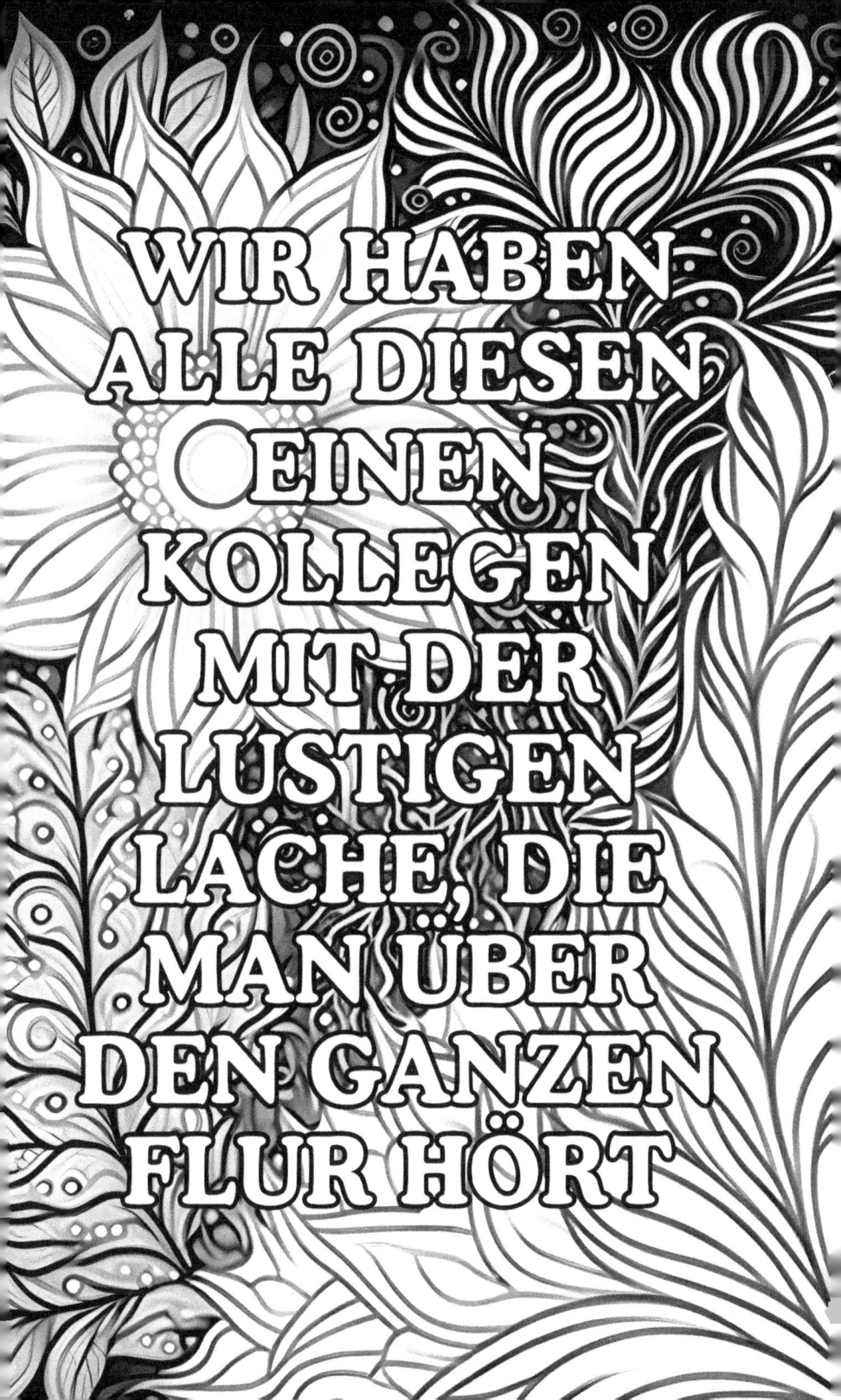

WIR HABEN ALLE DIESEN EINEN KOLLEGEN MIT DER LUSTIGEN LACHE, DIE MAN ÜBER DEN GANZEN FLUR HÖRT

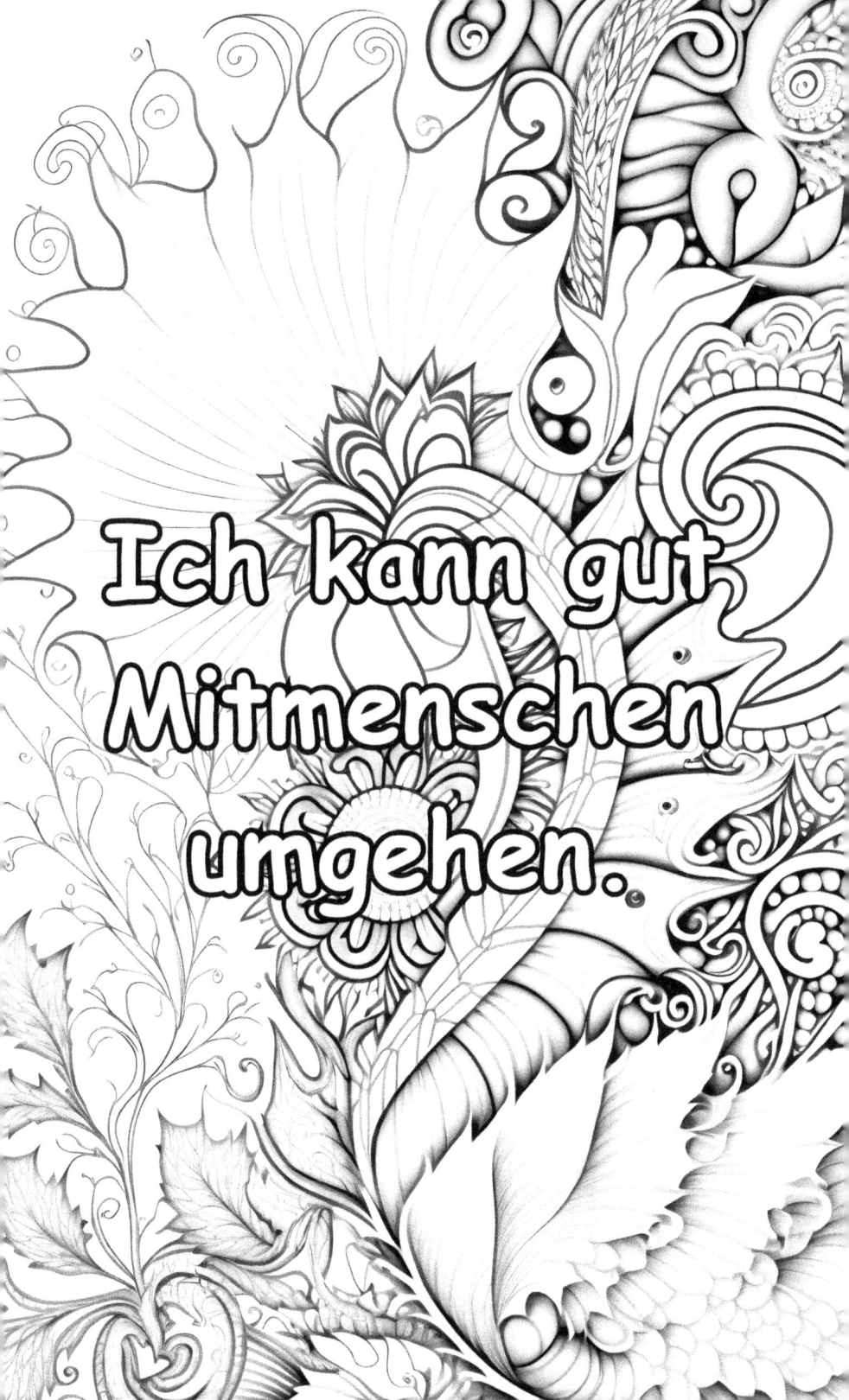

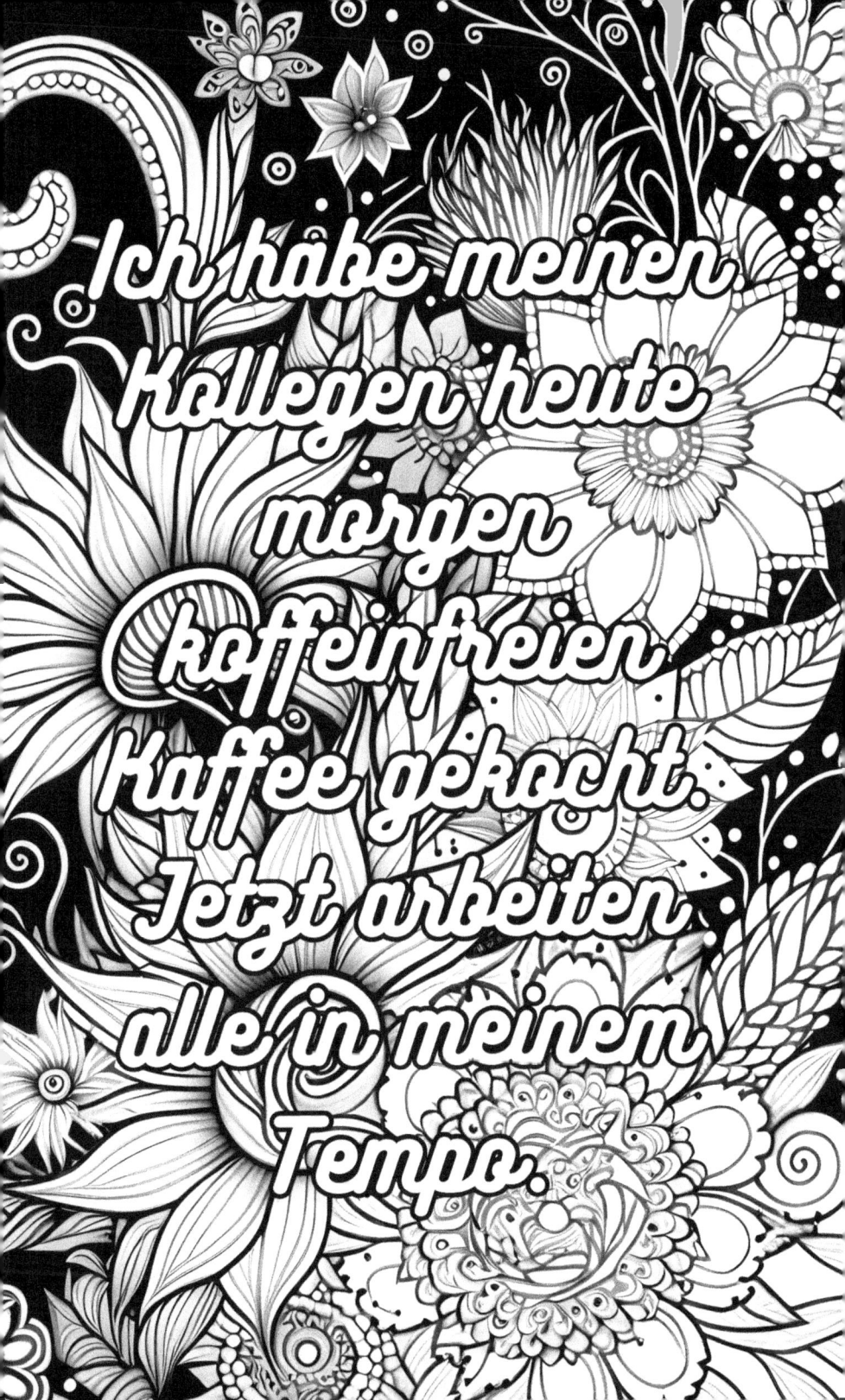

Ich habe meinen Kollegen heute morgen koffeinfreien Kaffee gekocht. Jetzt arbeiten alle in meinem Tempo.

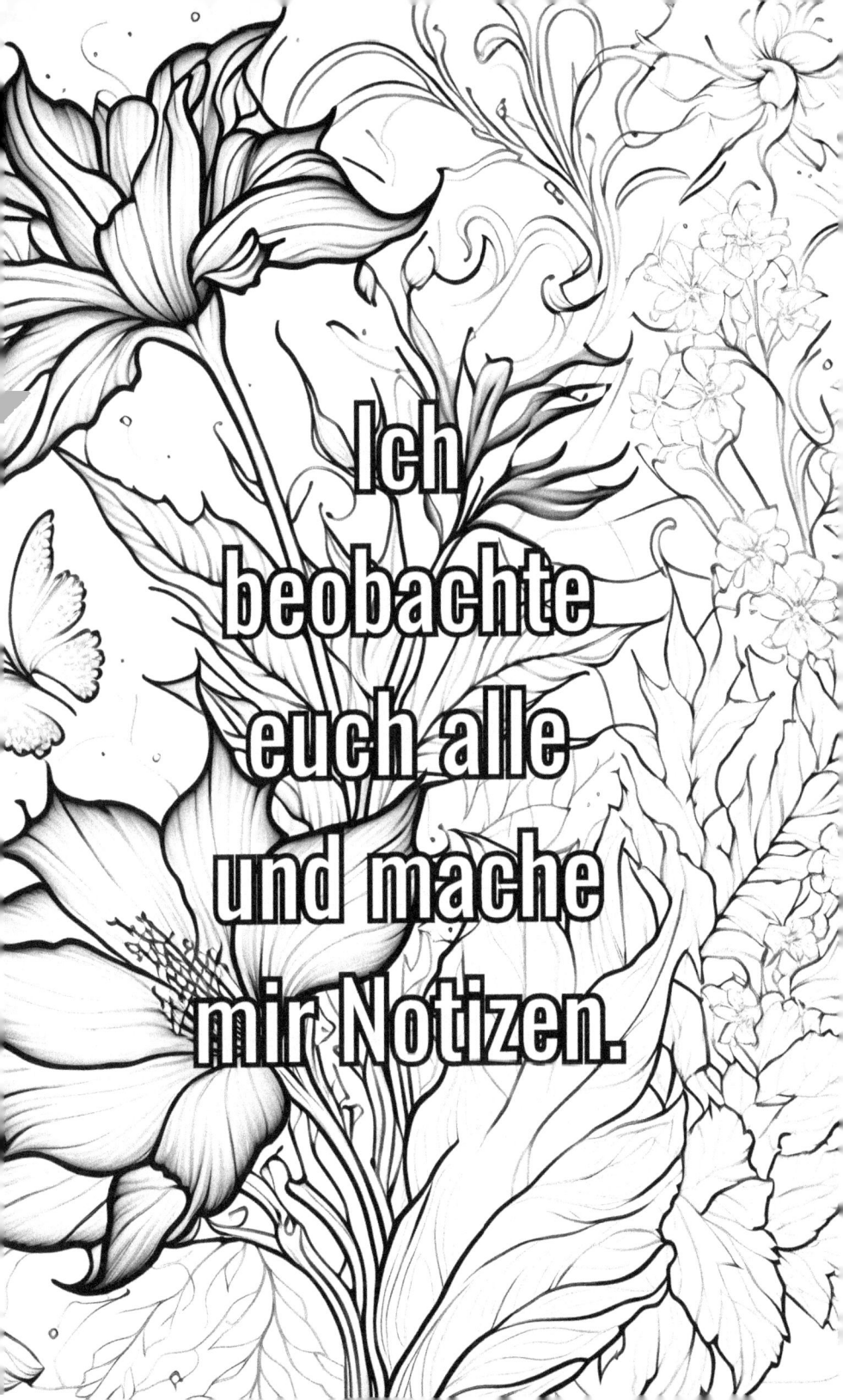

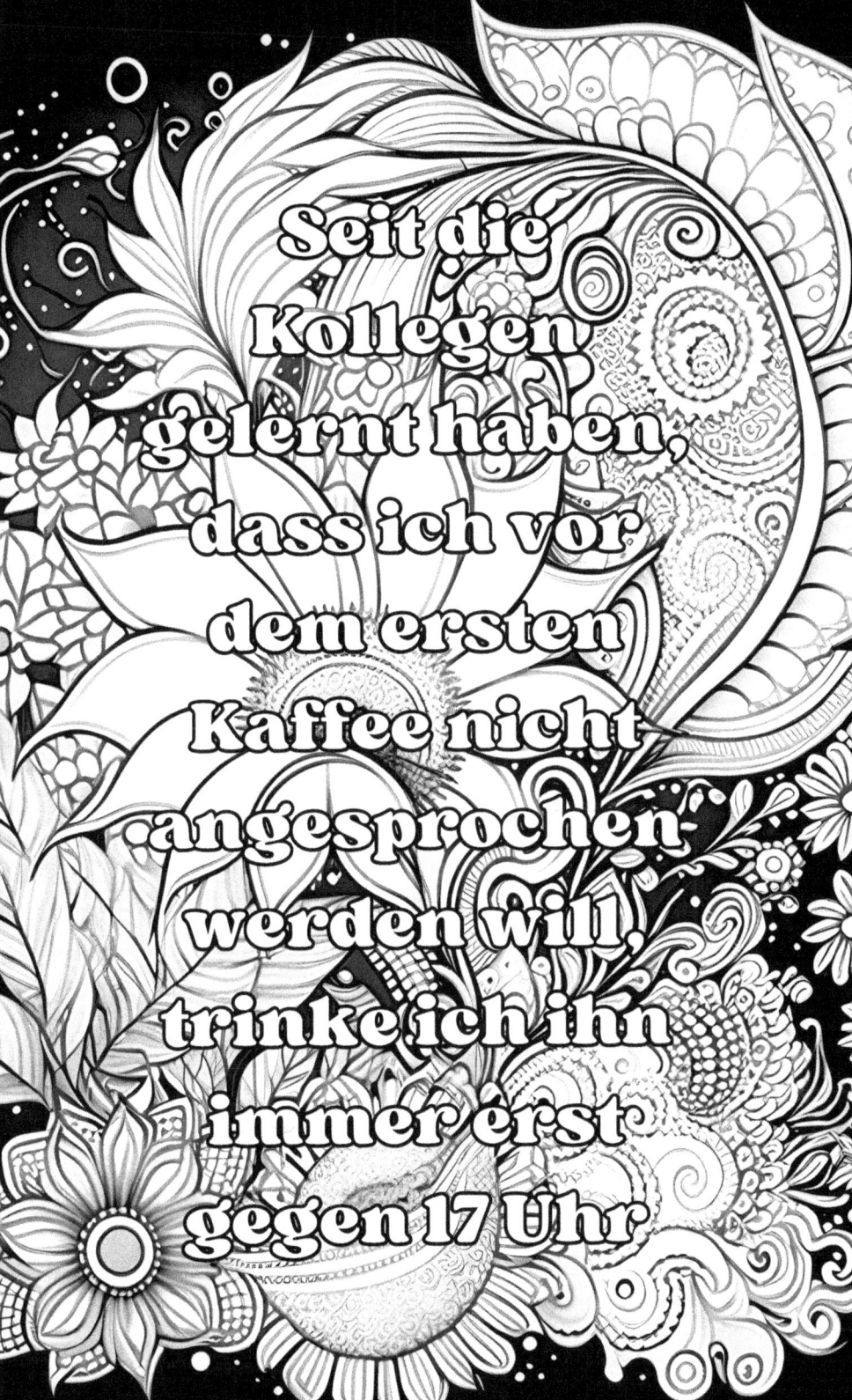

Seit die Kollegen gelernt haben, dass ich vor dem ersten Kaffee nicht angesprochen werden will, trinke ich ihn immer erst gegen 17 Uhr

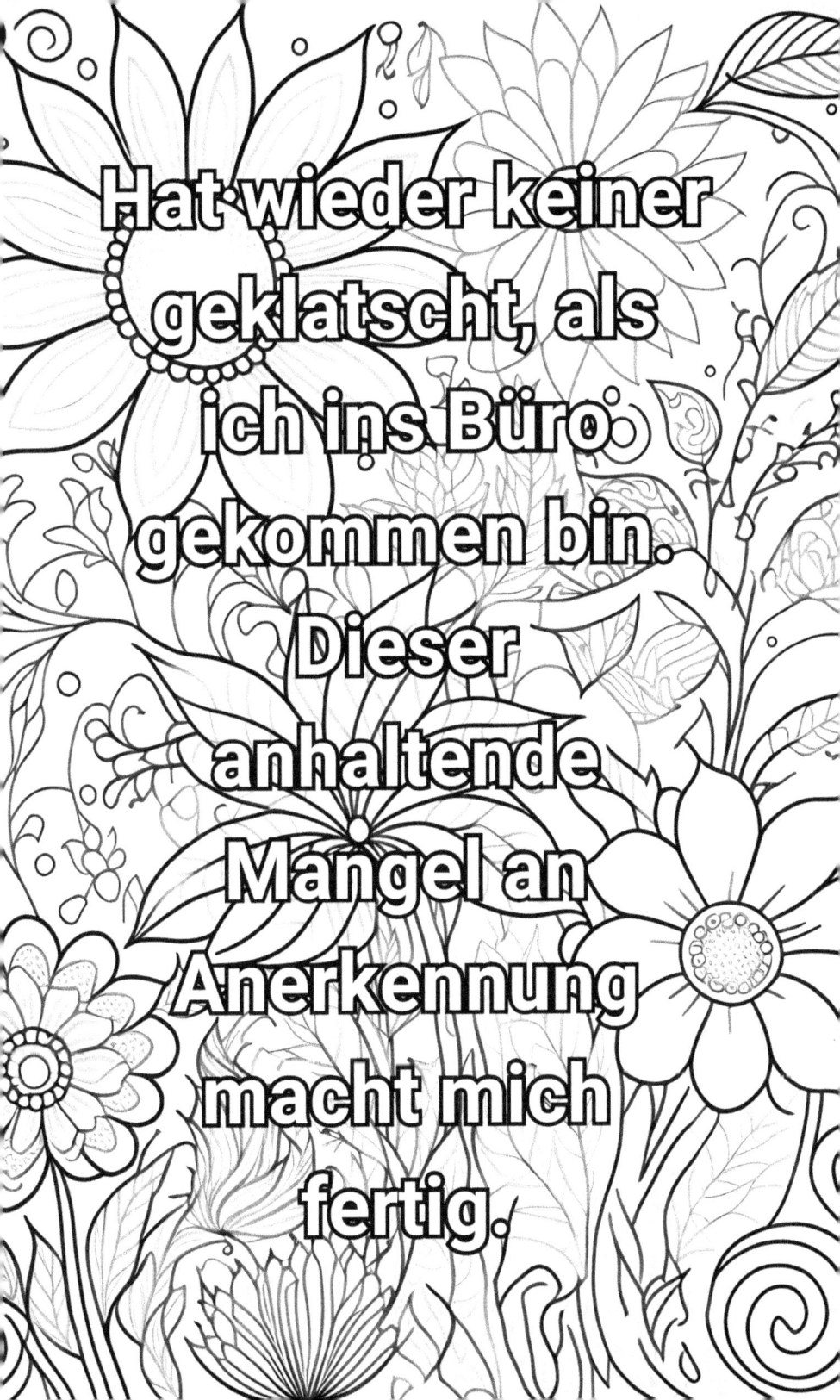

Hat wieder keiner geklatscht, als ich ins Büro gekommen bin. Dieser anhaltende Mangel an Anerkennung macht mich fertig.

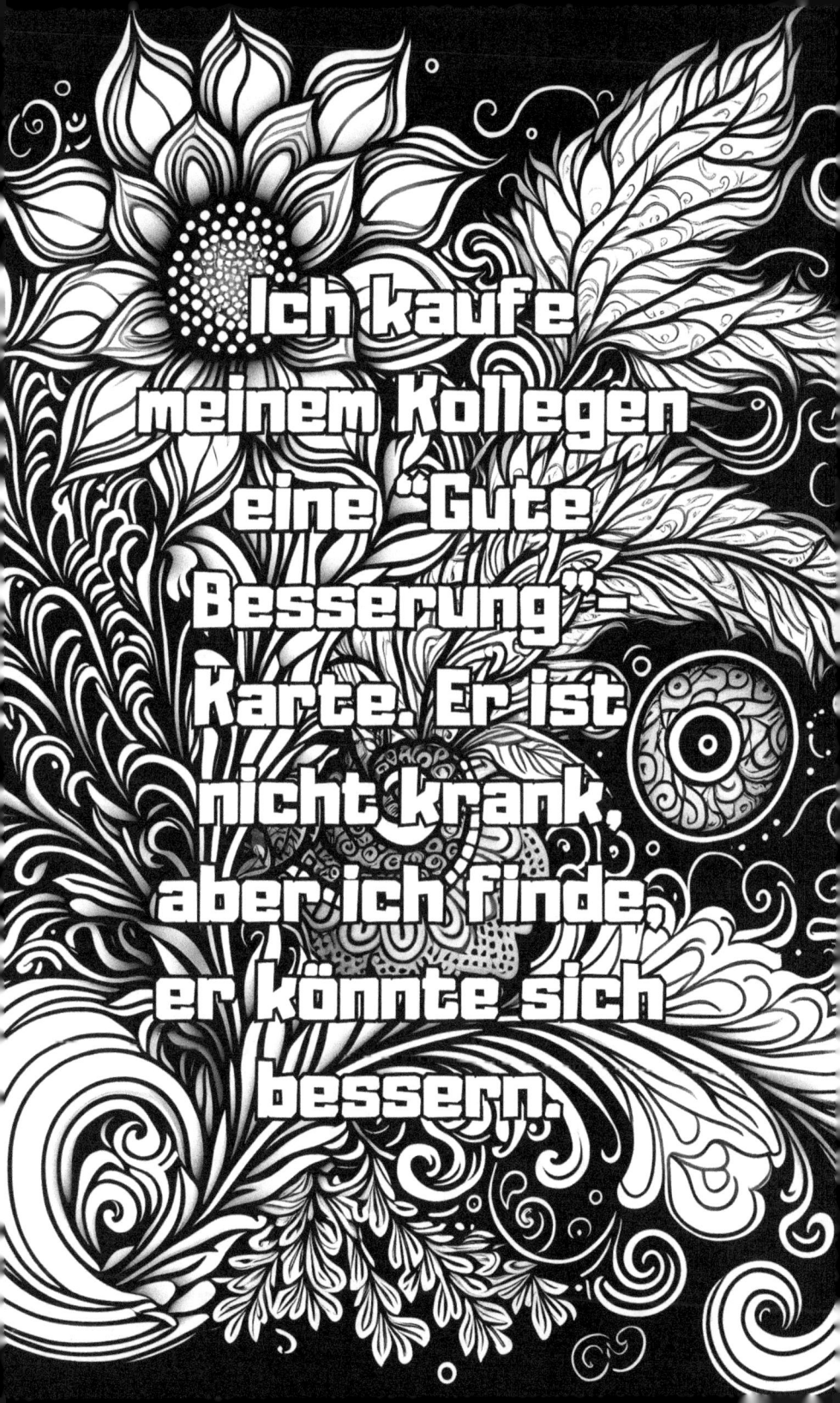

Ich kaufe meinem Kollegen eine "Gute Besserung"- Karte. Er ist nicht krank, aber ich finde, er könnte sich bessern.

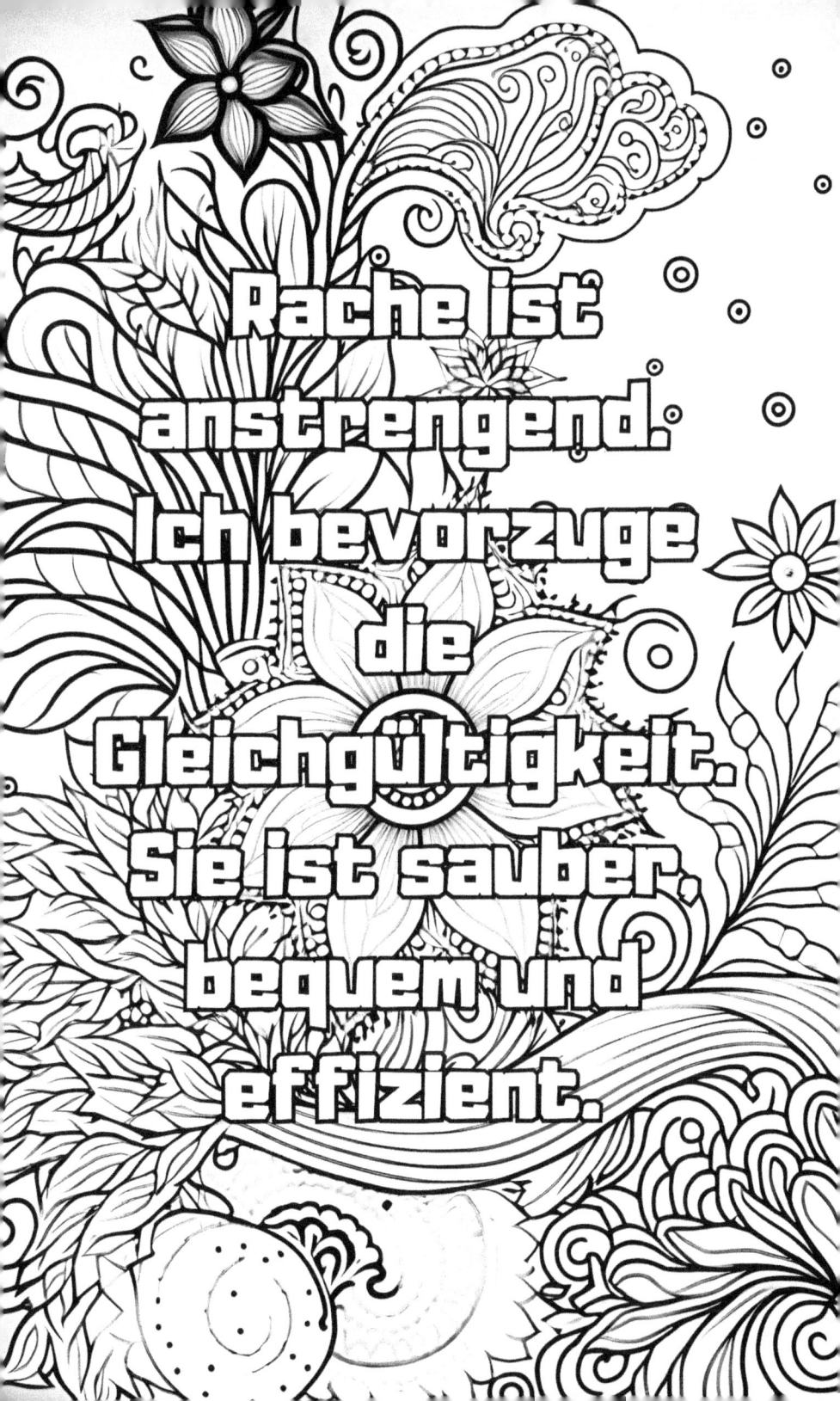

Rache ist anstrengend. Ich bevorzuge die Gleichgültigkeit. Sie ist sauber, bequem und effizient.

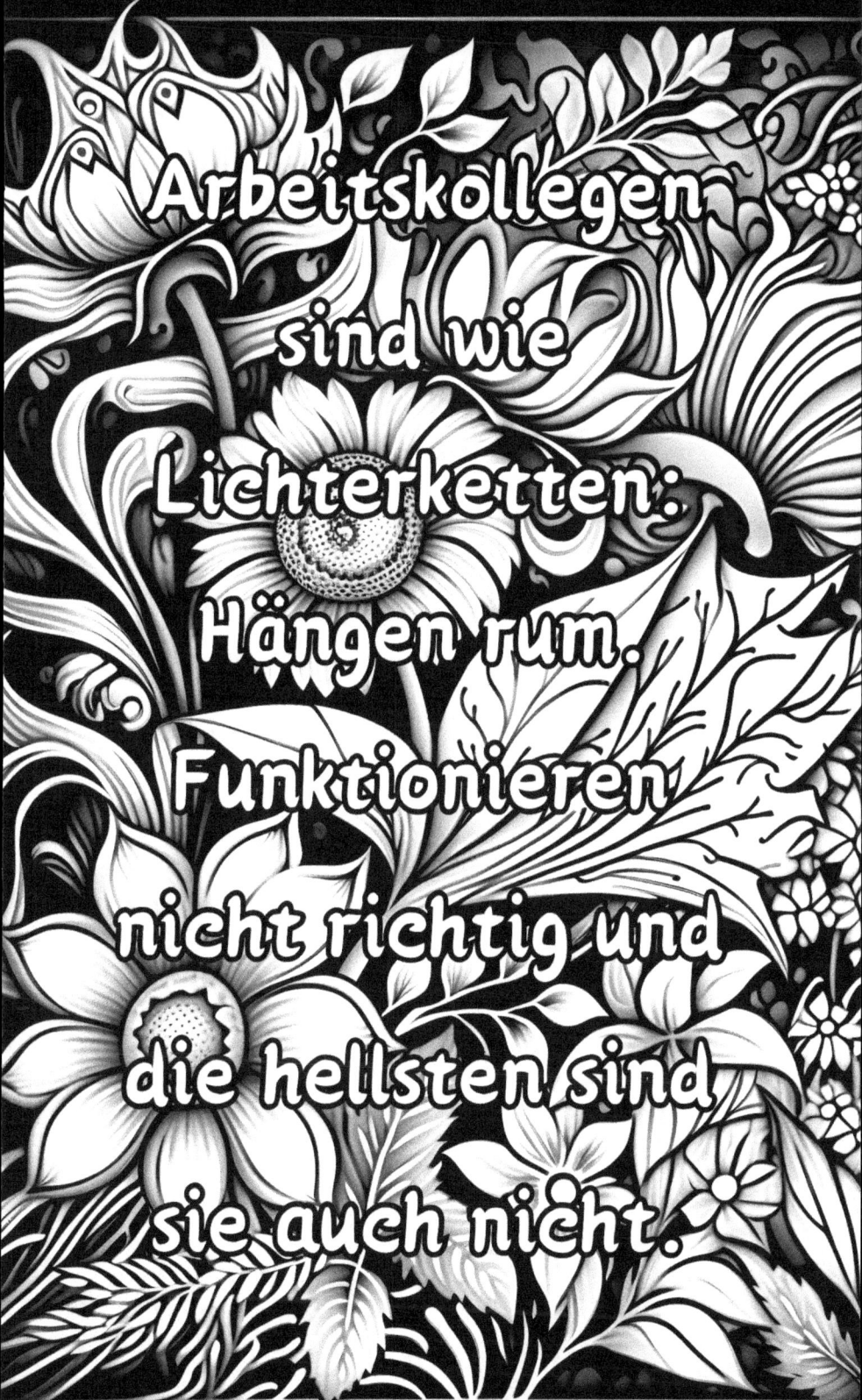

Arbeitskollegen sind wie Lichterketten: Hängen rum. Funktionieren nicht richtig und die hellsten sind sie auch nicht.

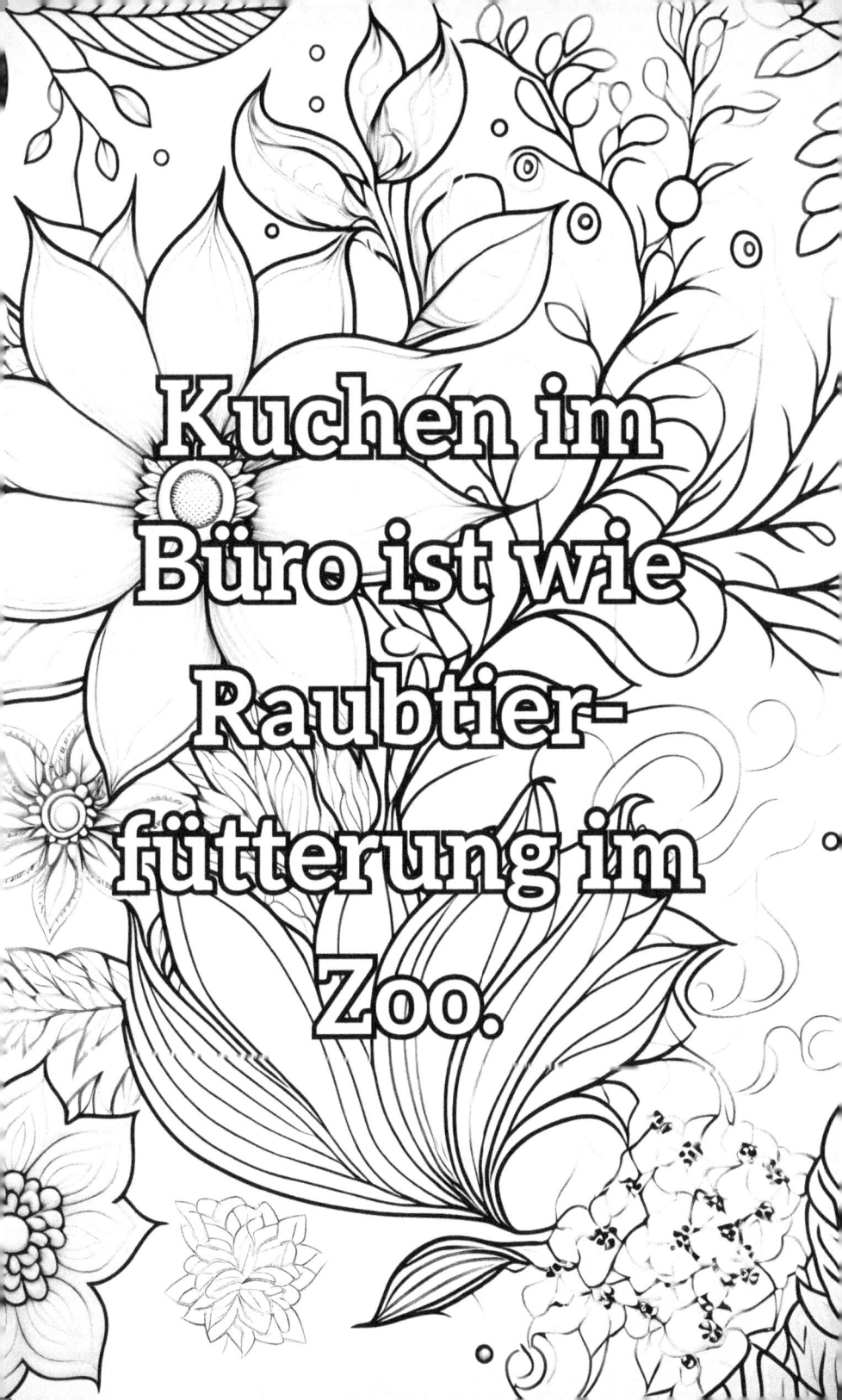

Kuchen im Büro ist wie Raubtier-fütterung im Zoo.

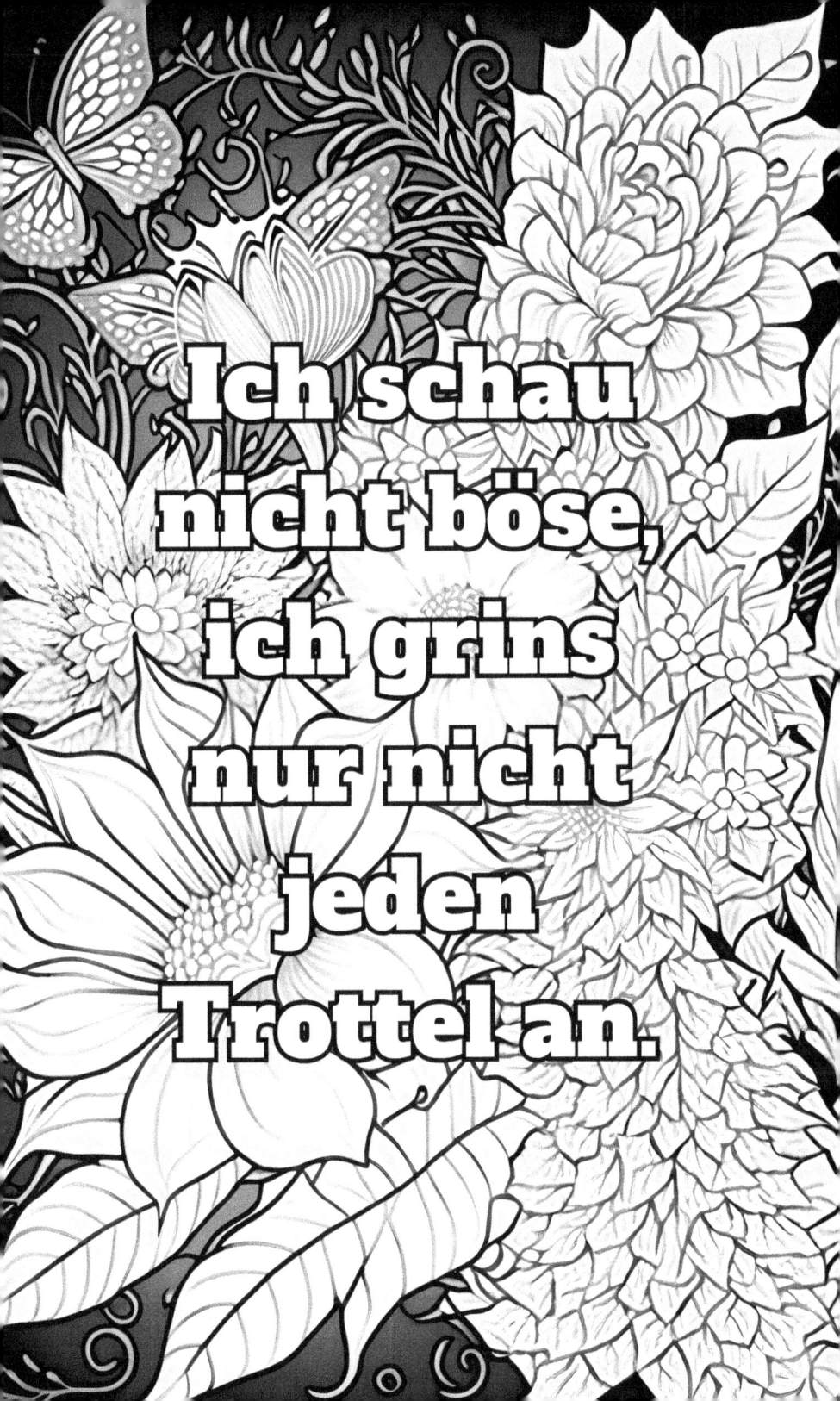

Ich schau nicht böse, ich grins nur nicht jeden Trottel an.

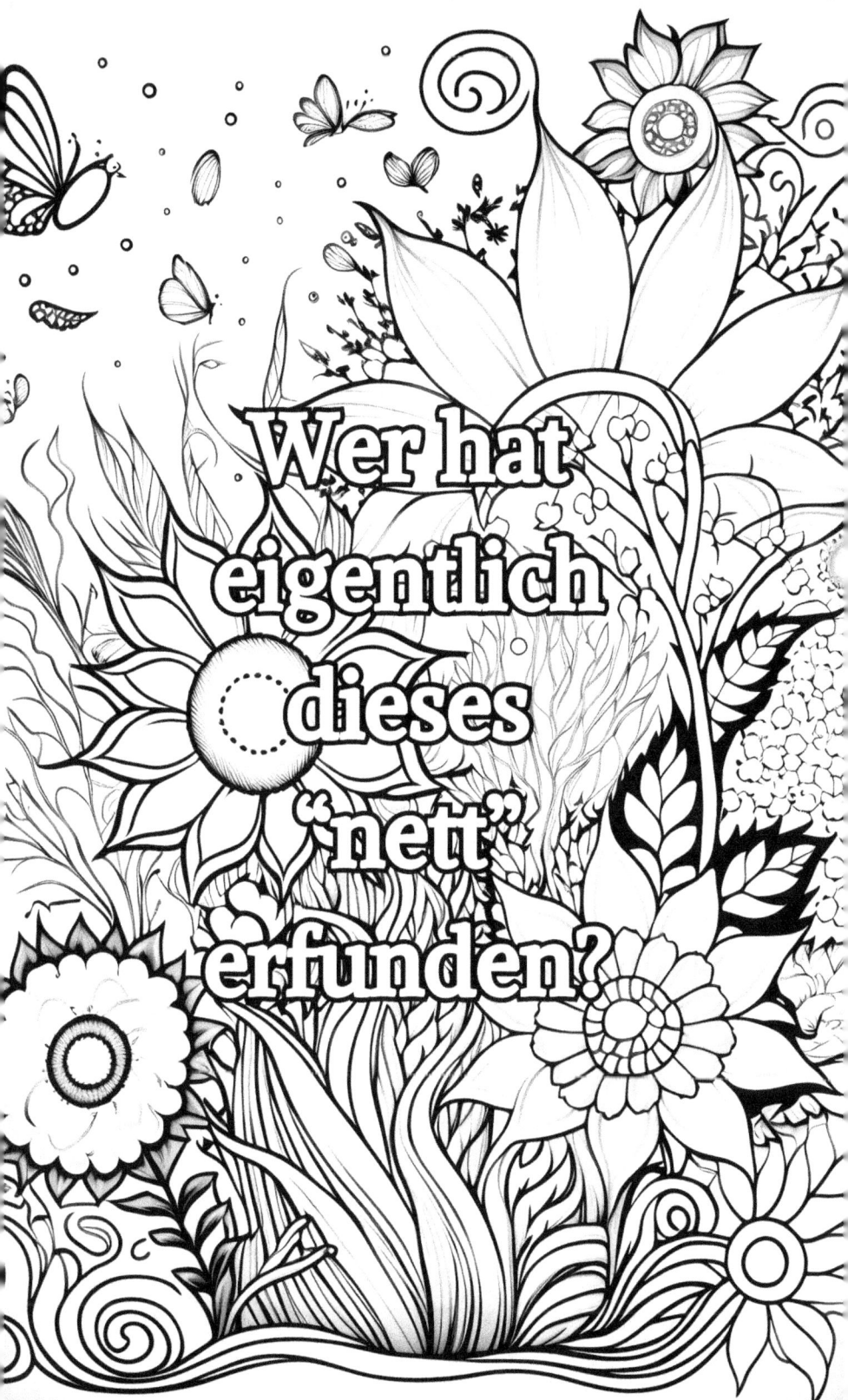

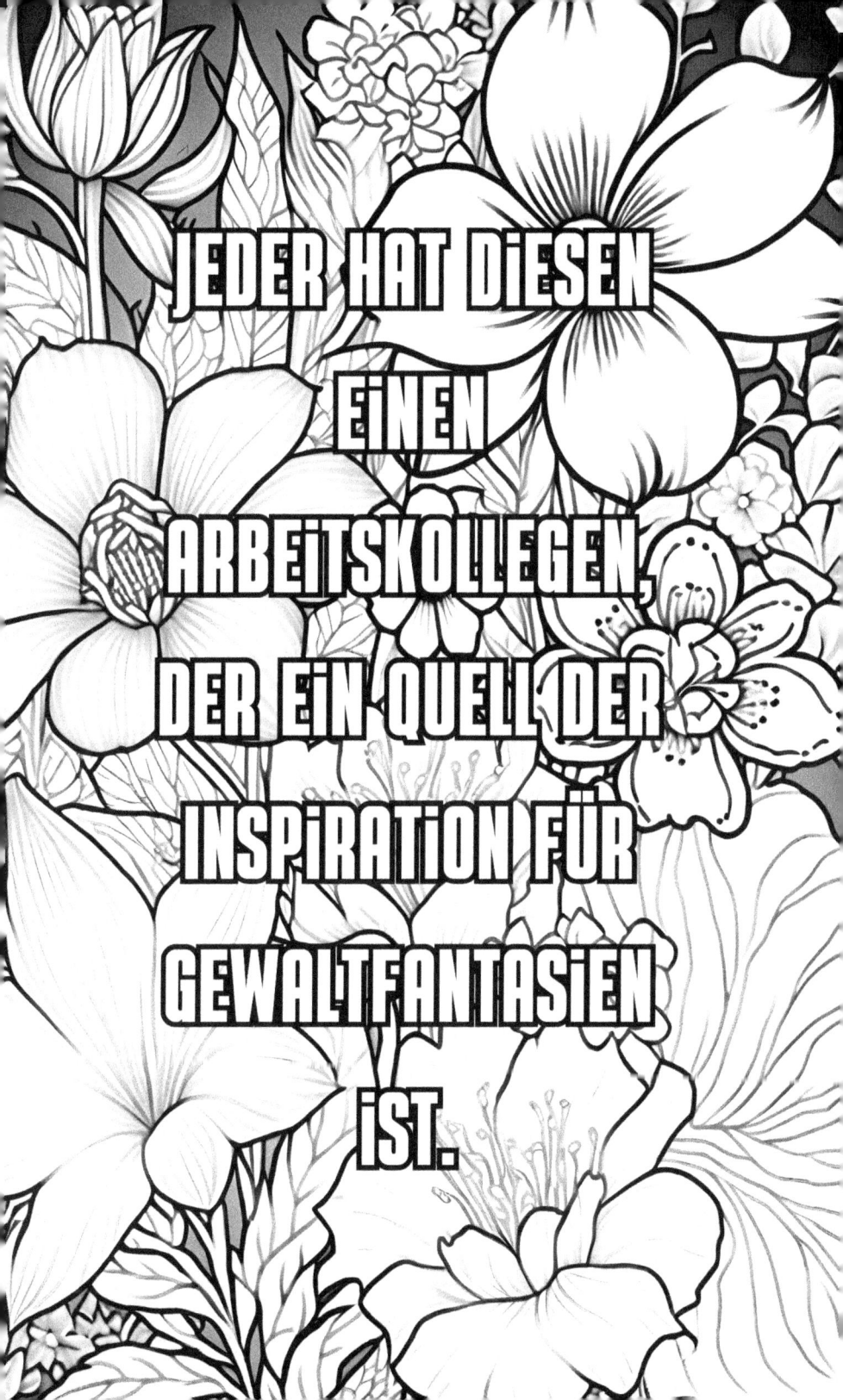

JEDER HAT DIESEN EINEN ARBEITSKOLLEGEN, DER EIN QUELL DER INSPIRATION FÜR GEWALTFANTASIEN IST.

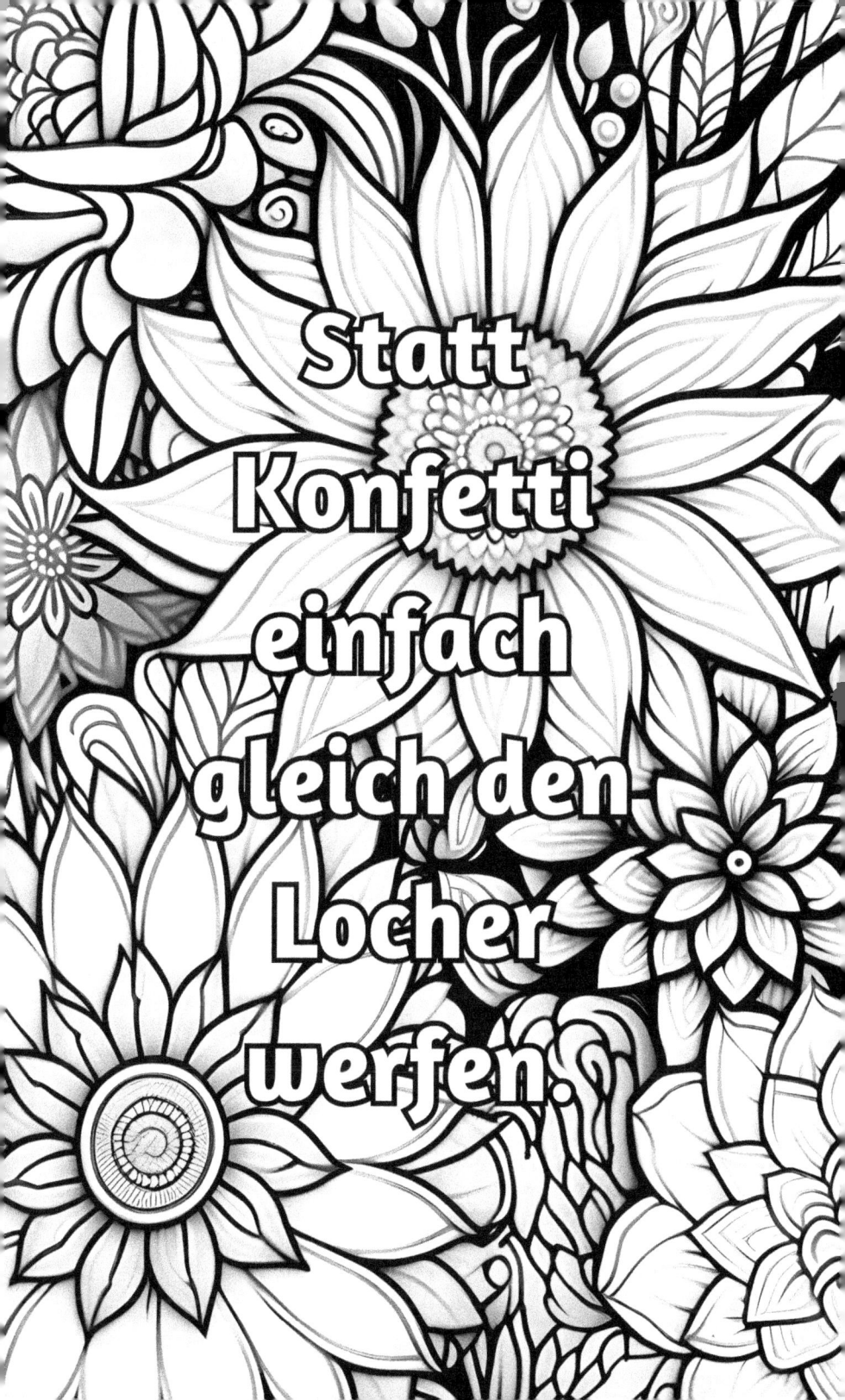

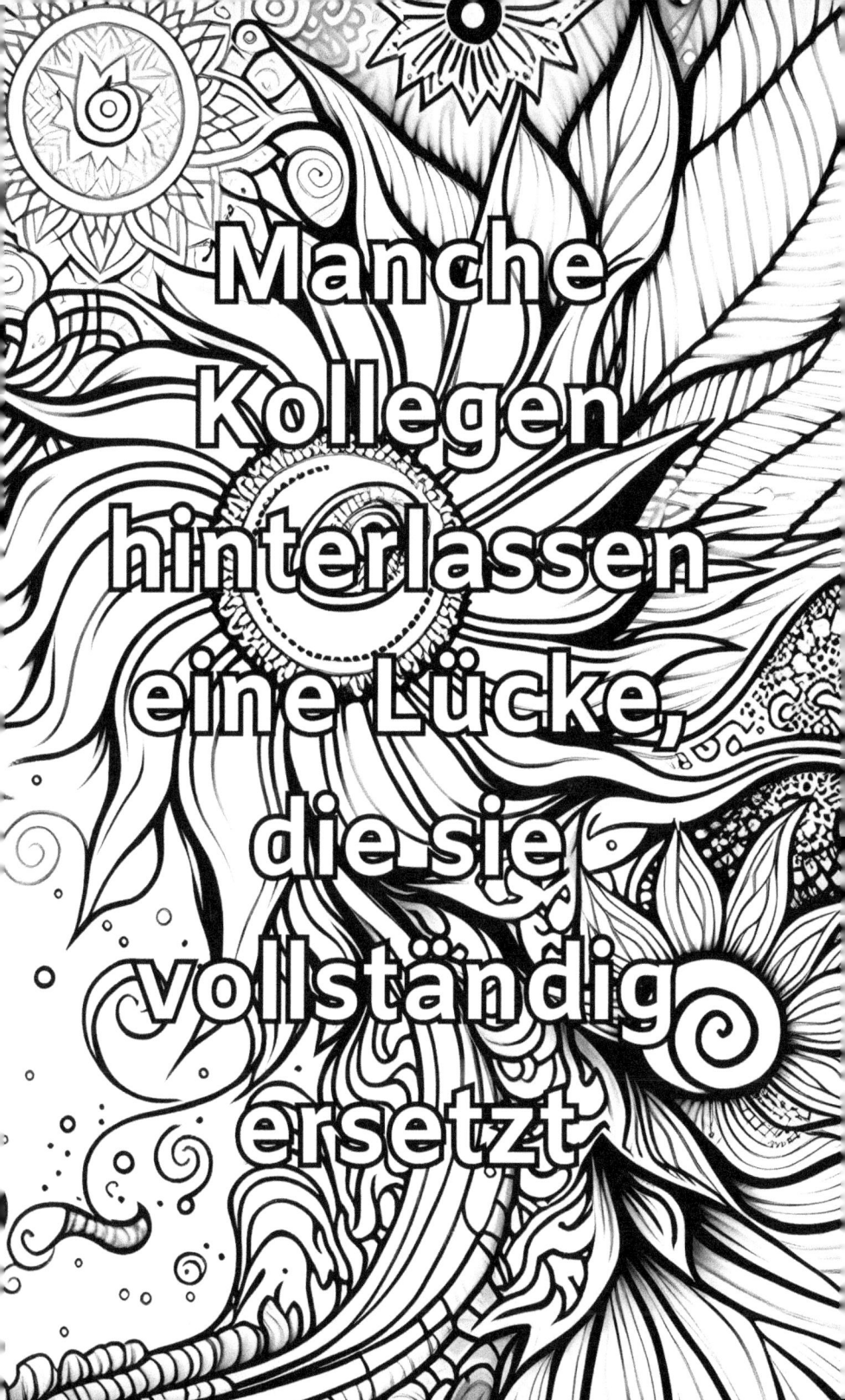

Manche Kollegen hinterlassen eine Lücke, die sie vollständig ersetzt

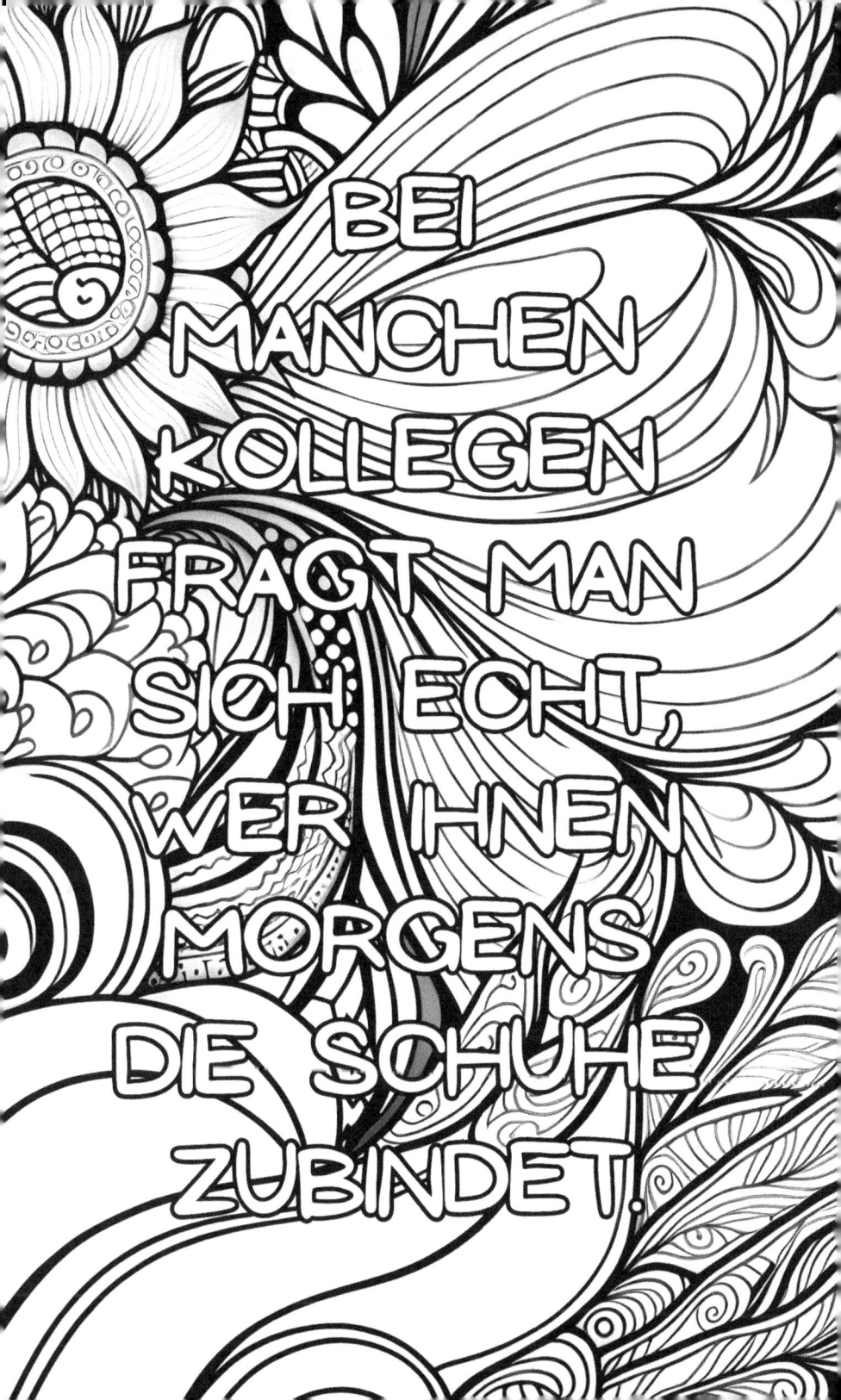

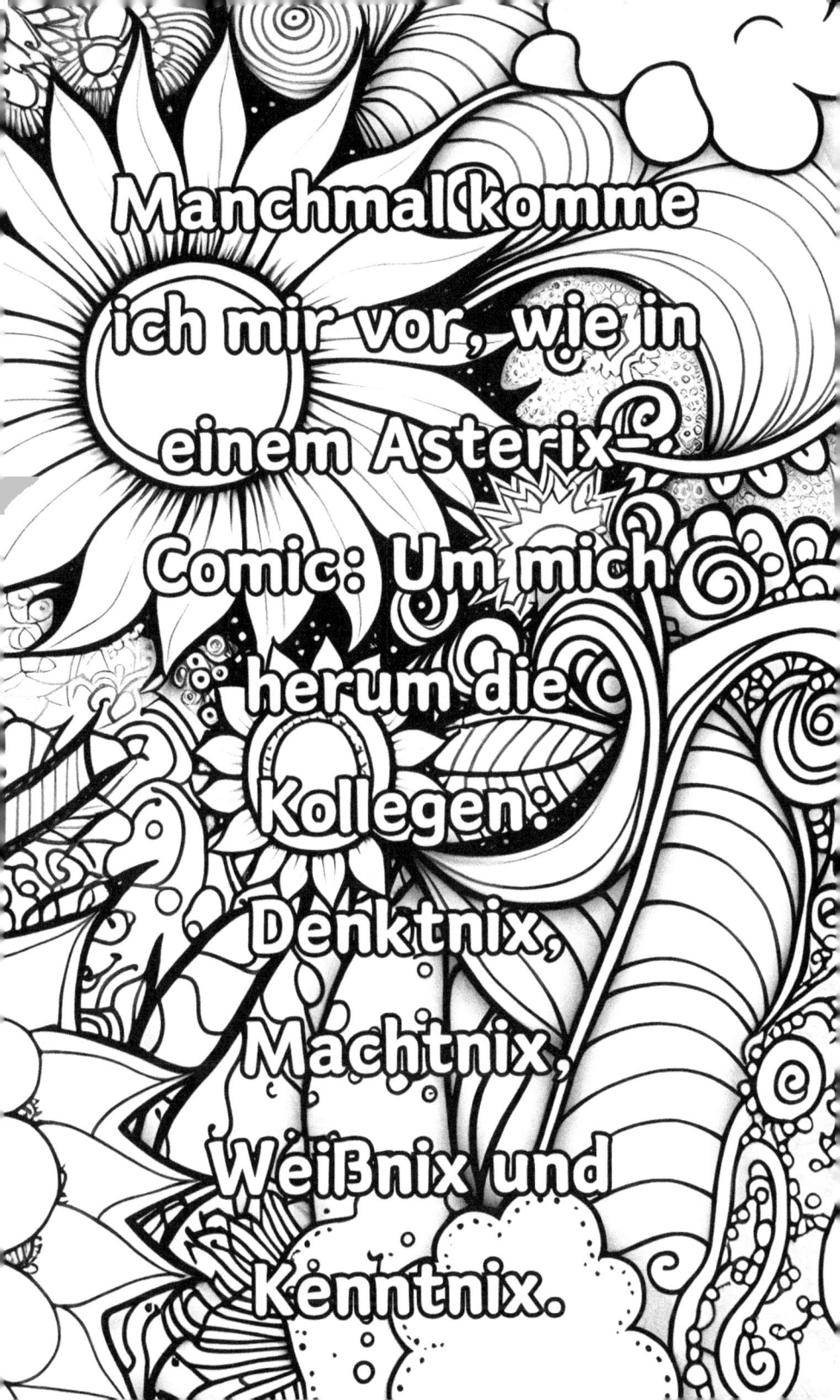

Manchmal komme ich mir vor, wie in einem Asterix-Comic: Um mich herum die Kollegen: Denktnix, Machtnix, Weißnix und Kenntnix.

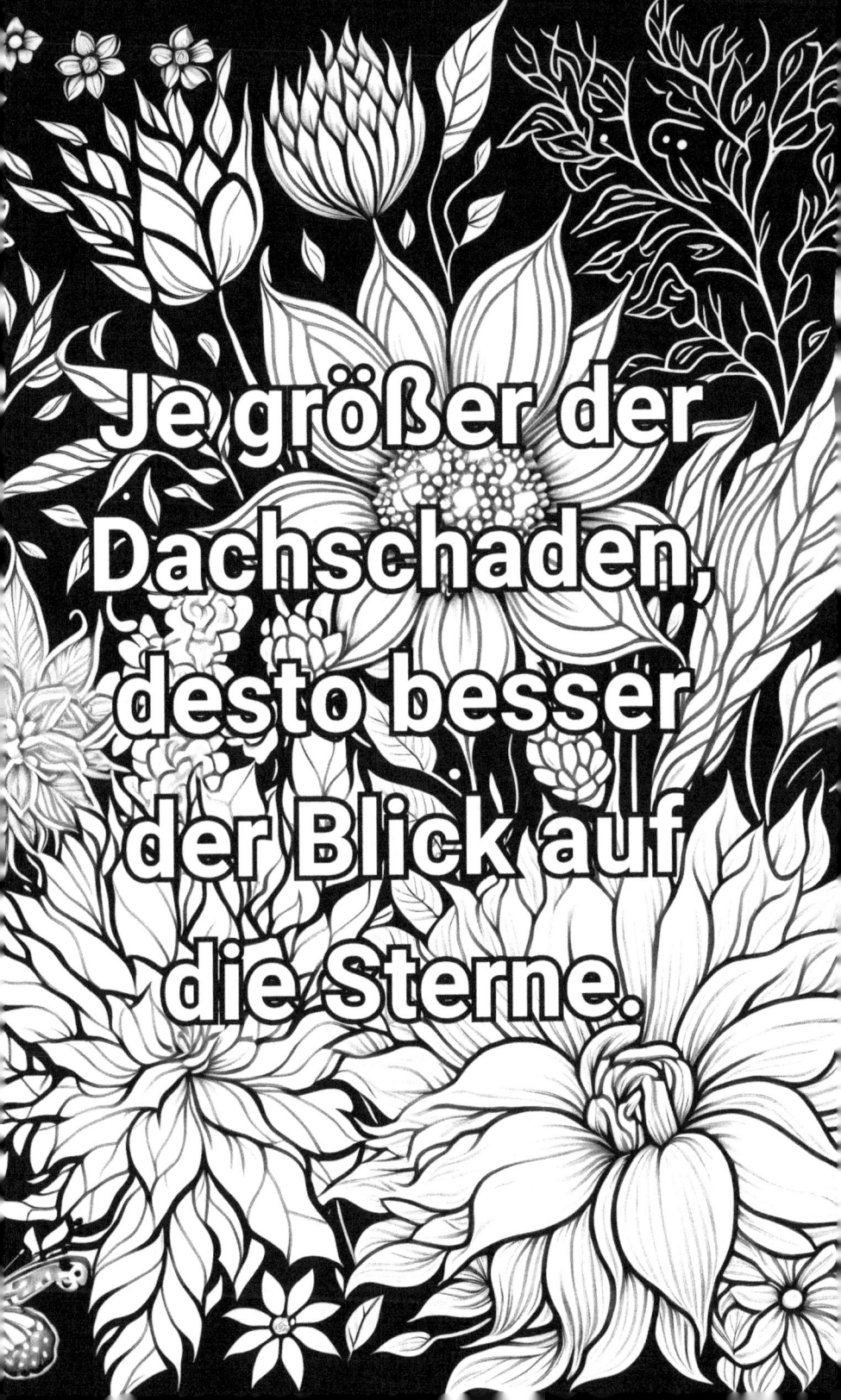

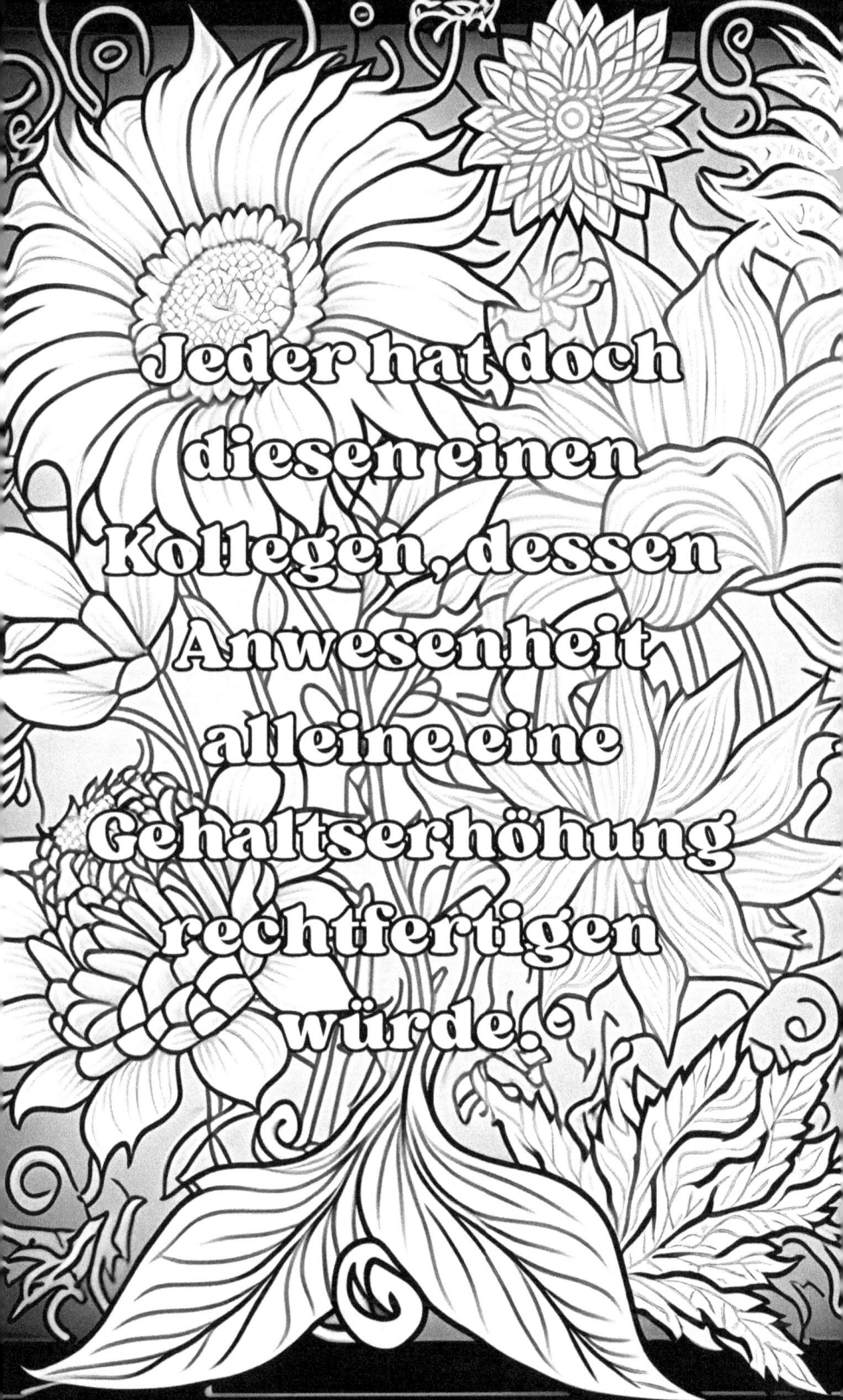

Jeder hat doch diesen einen Kollegen, dessen Anwesenheit alleine eine Gehaltserhöhung rechtfertigen würde.

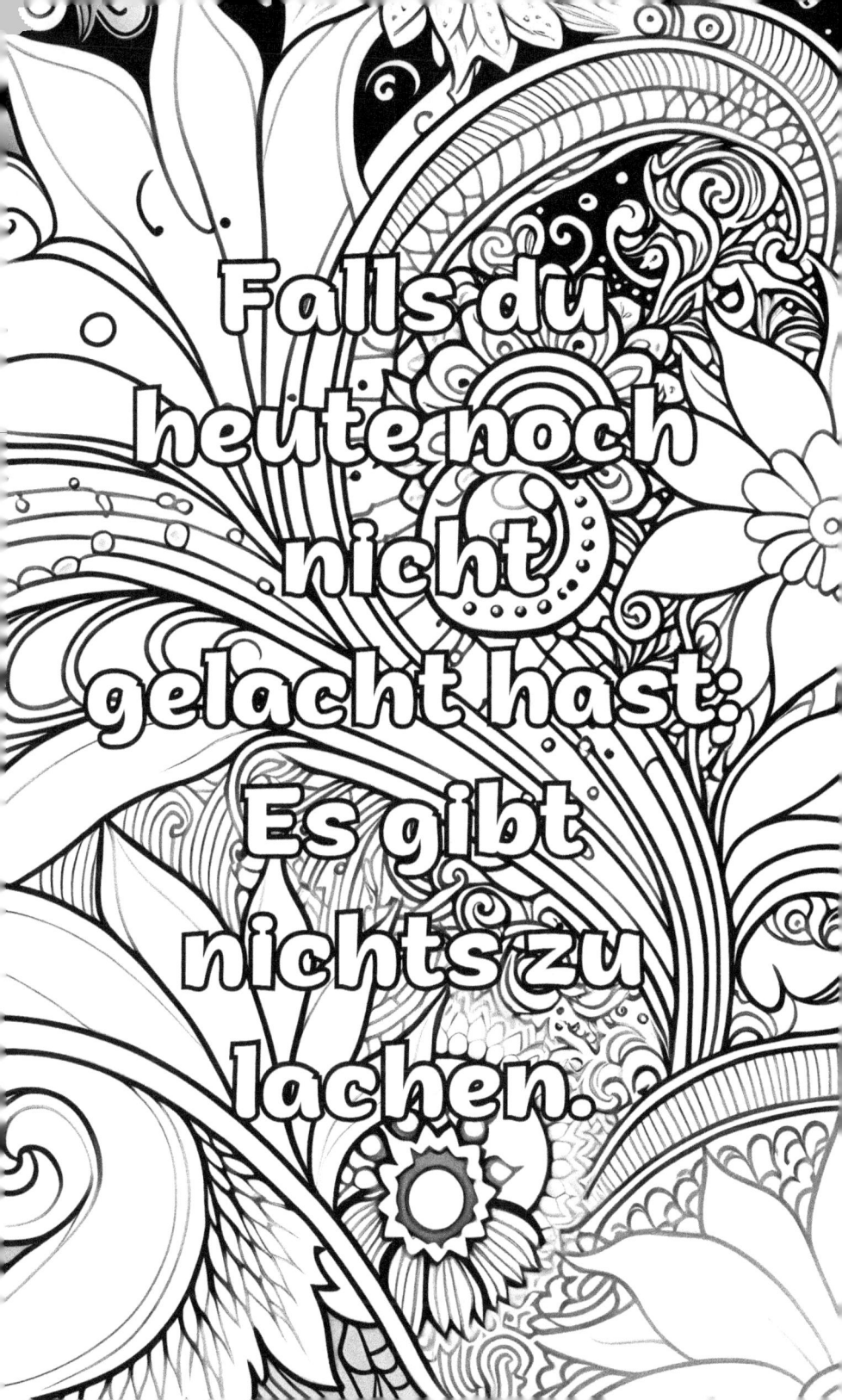

Falls du heute noch nicht gelacht hast: Es gibt nichts zu lachen.

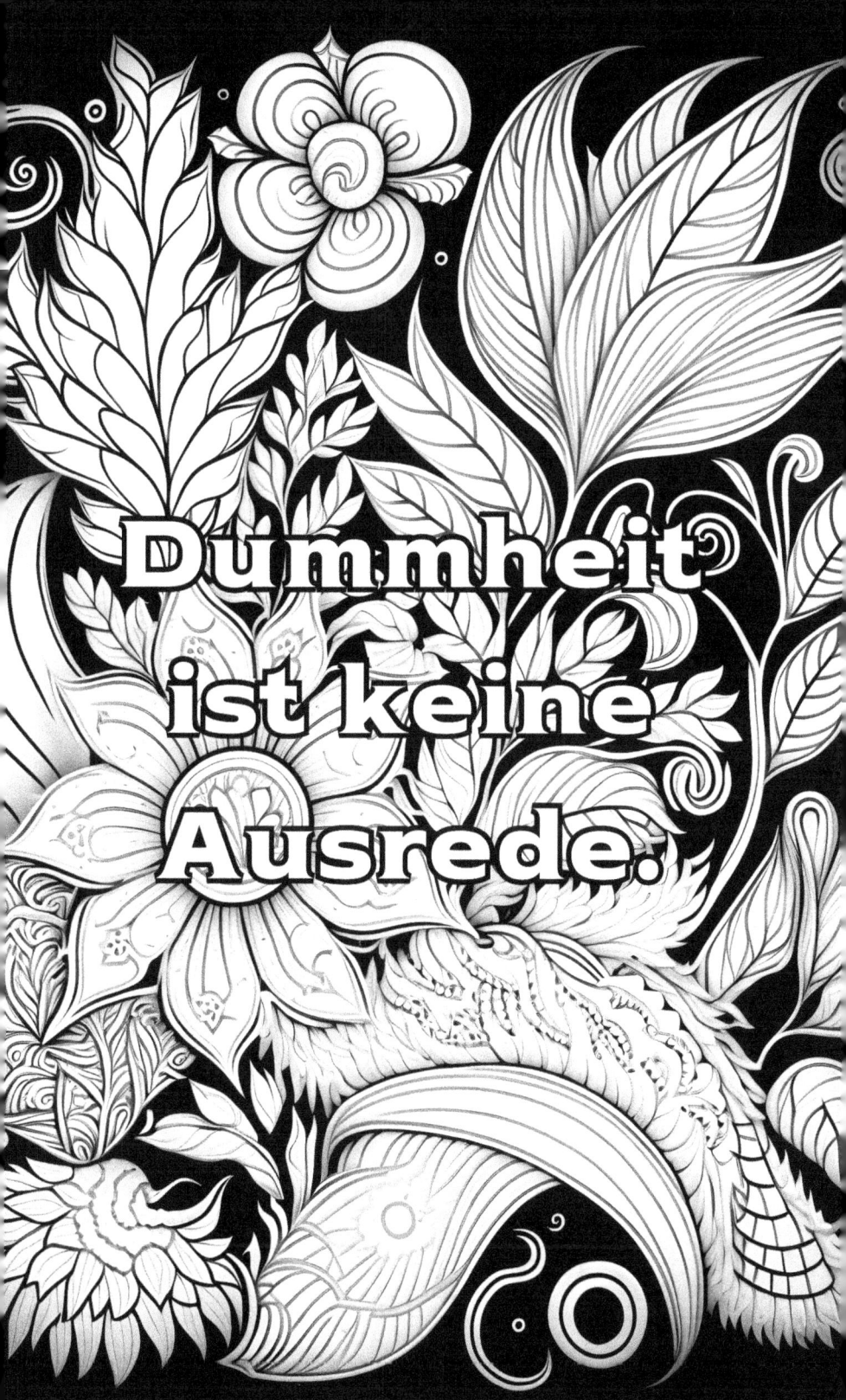

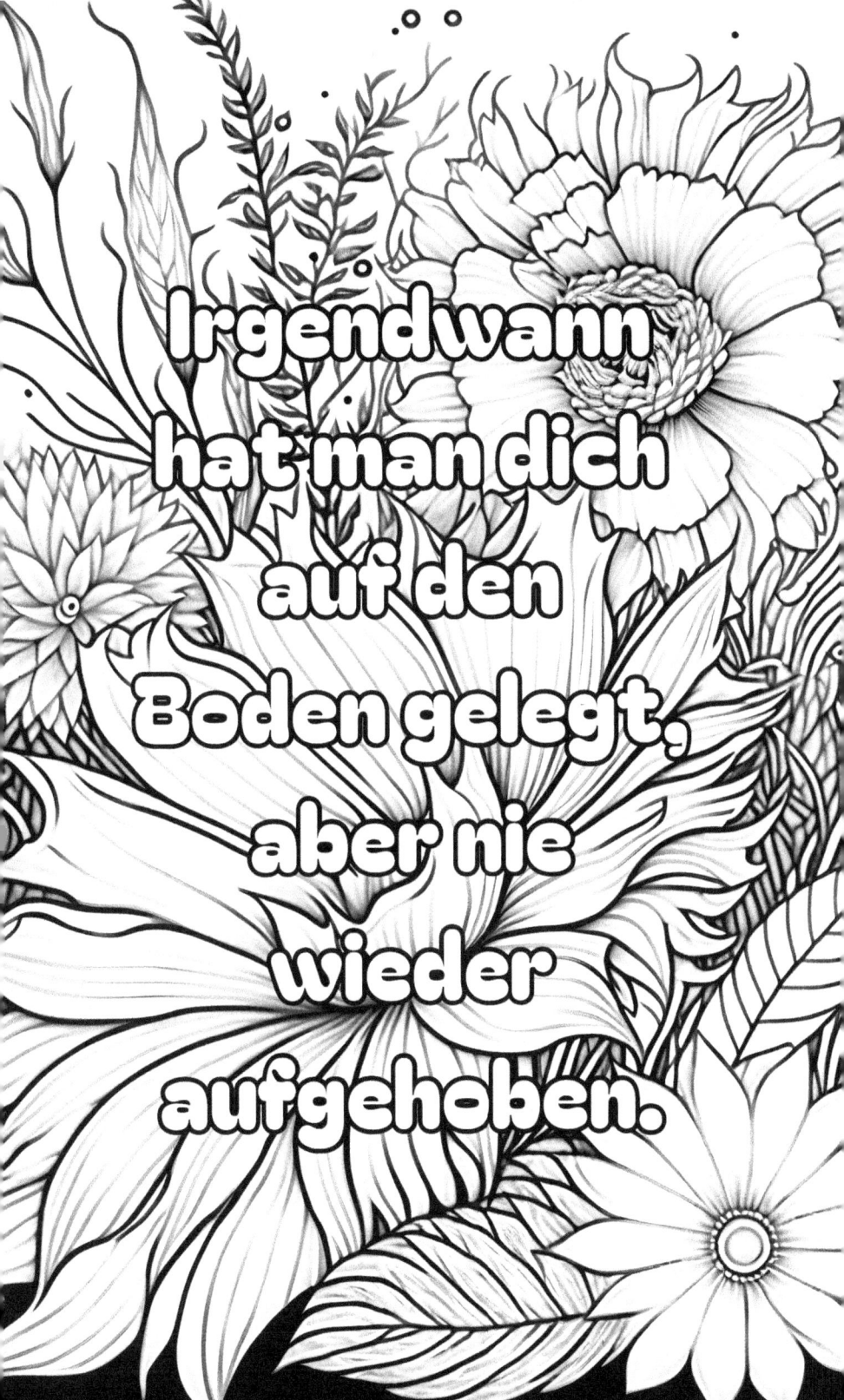

Irgendwann hat man dich auf den Boden gelegt, aber nie wieder aufgehoben.

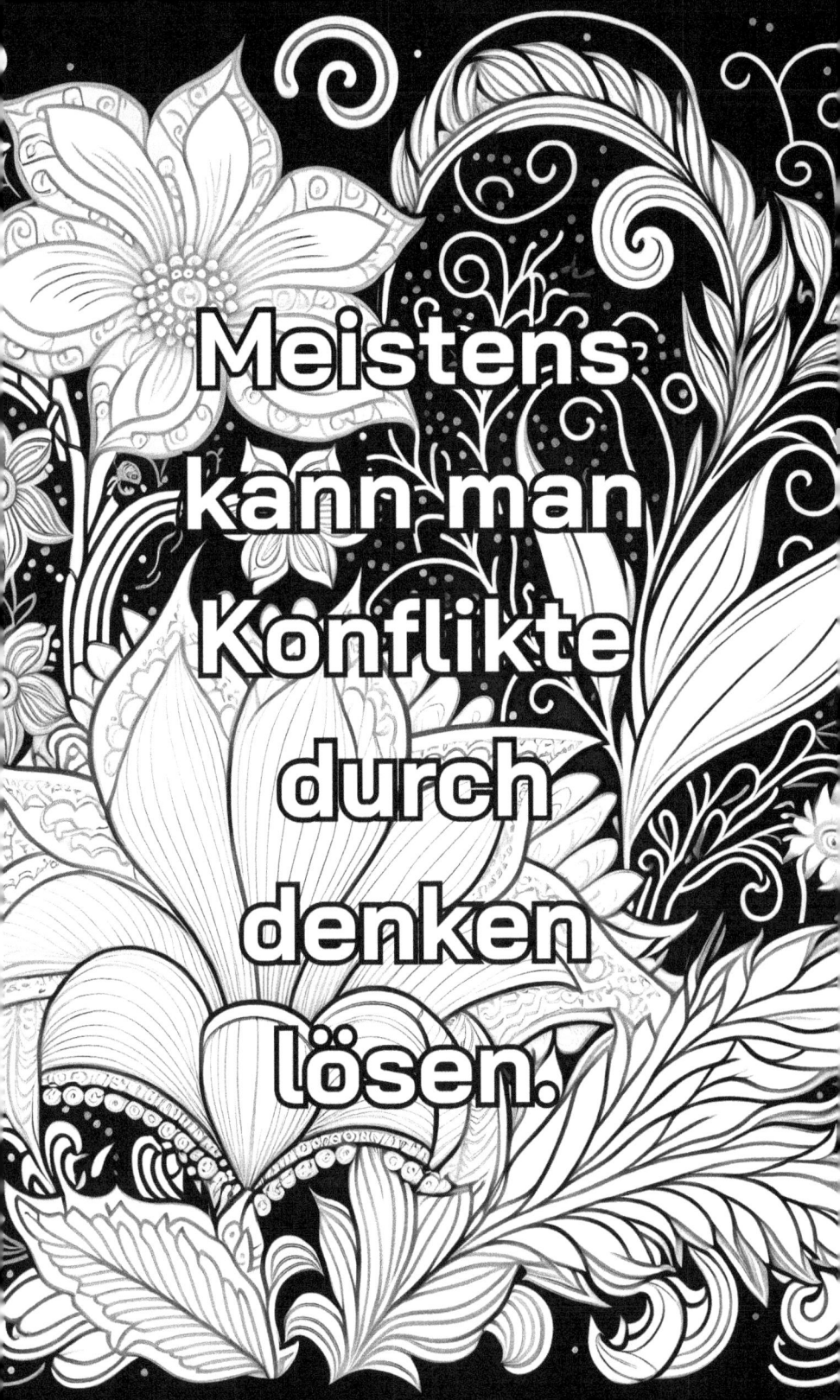

Meistens kann man Konflikte durch denken lösen.

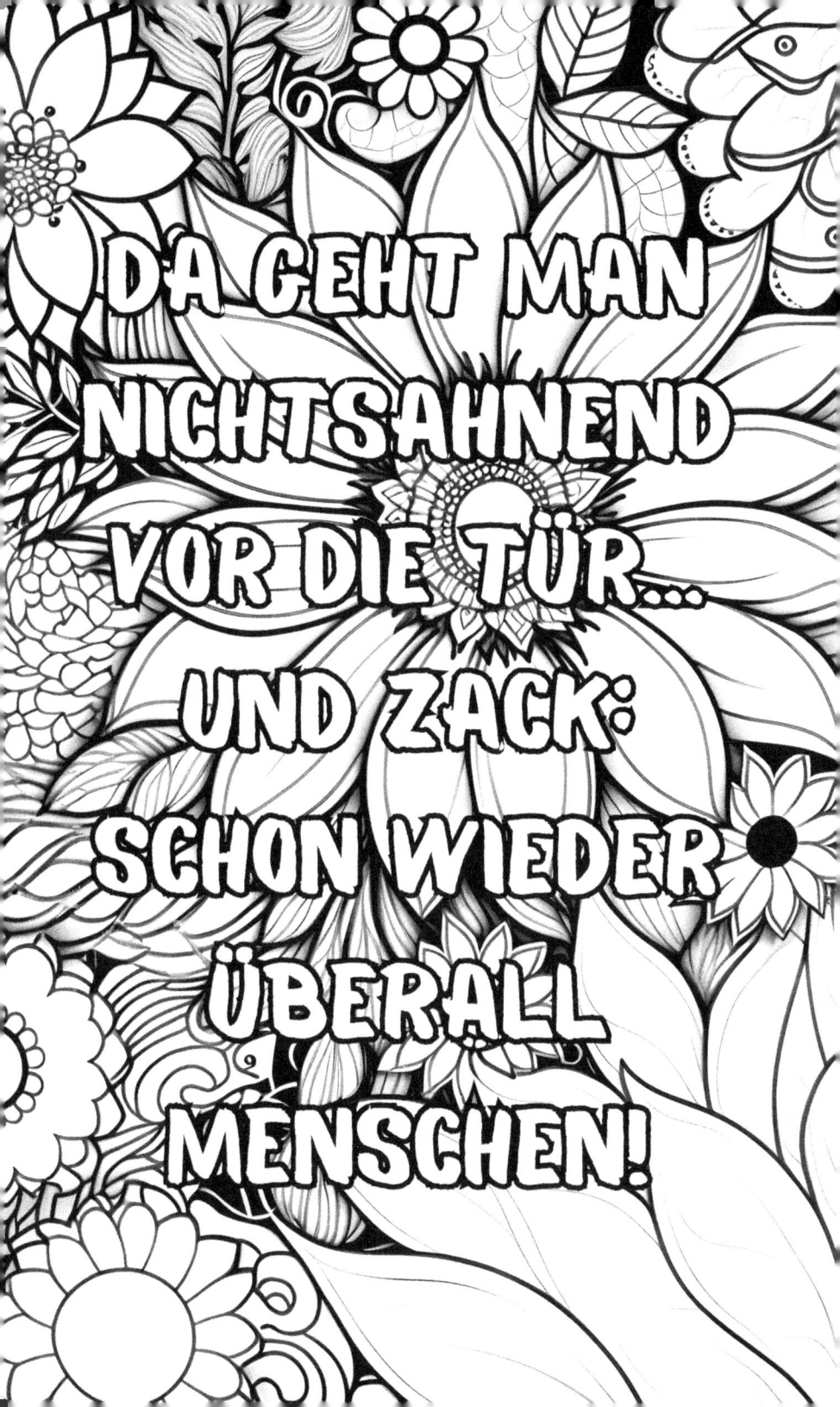

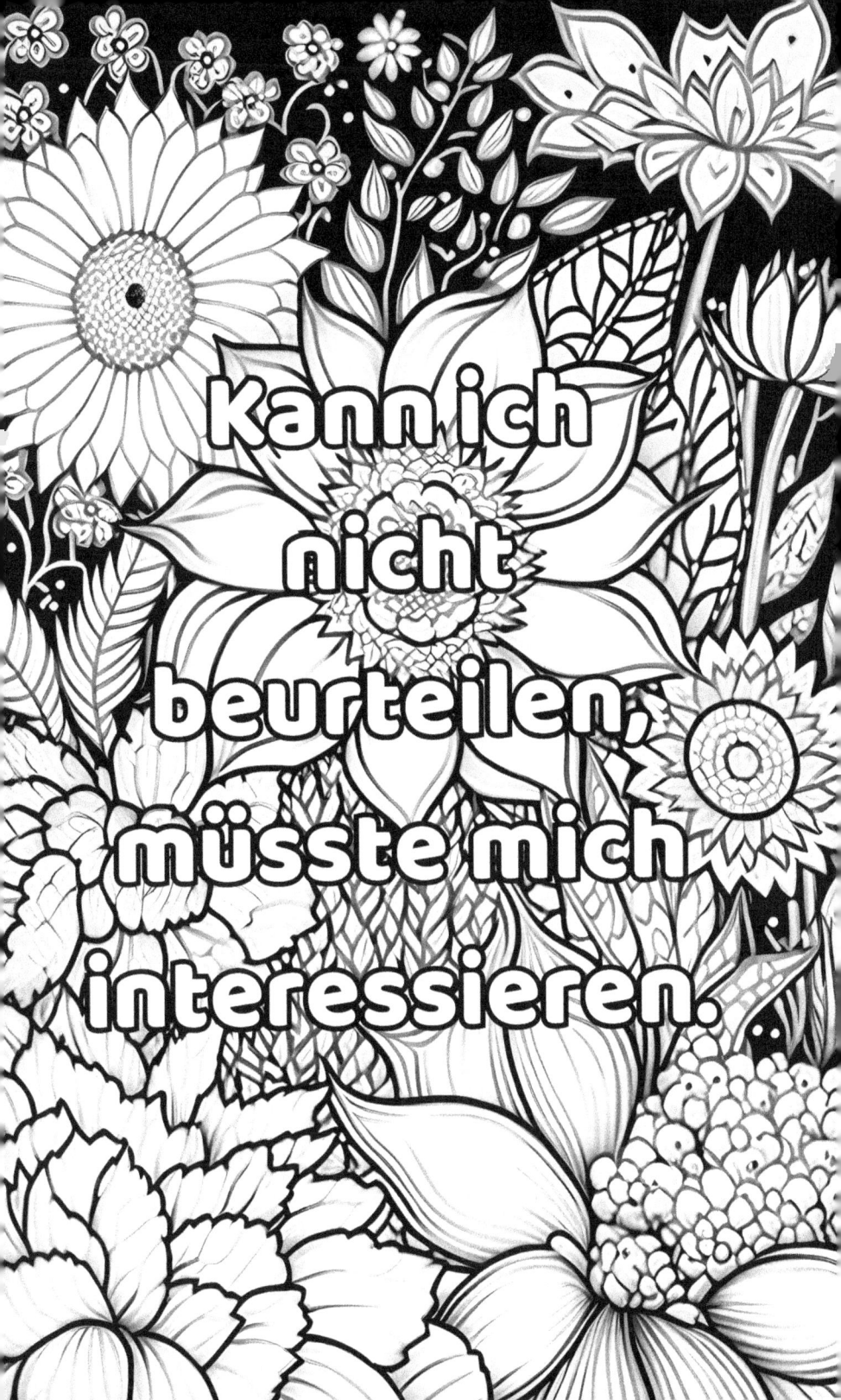

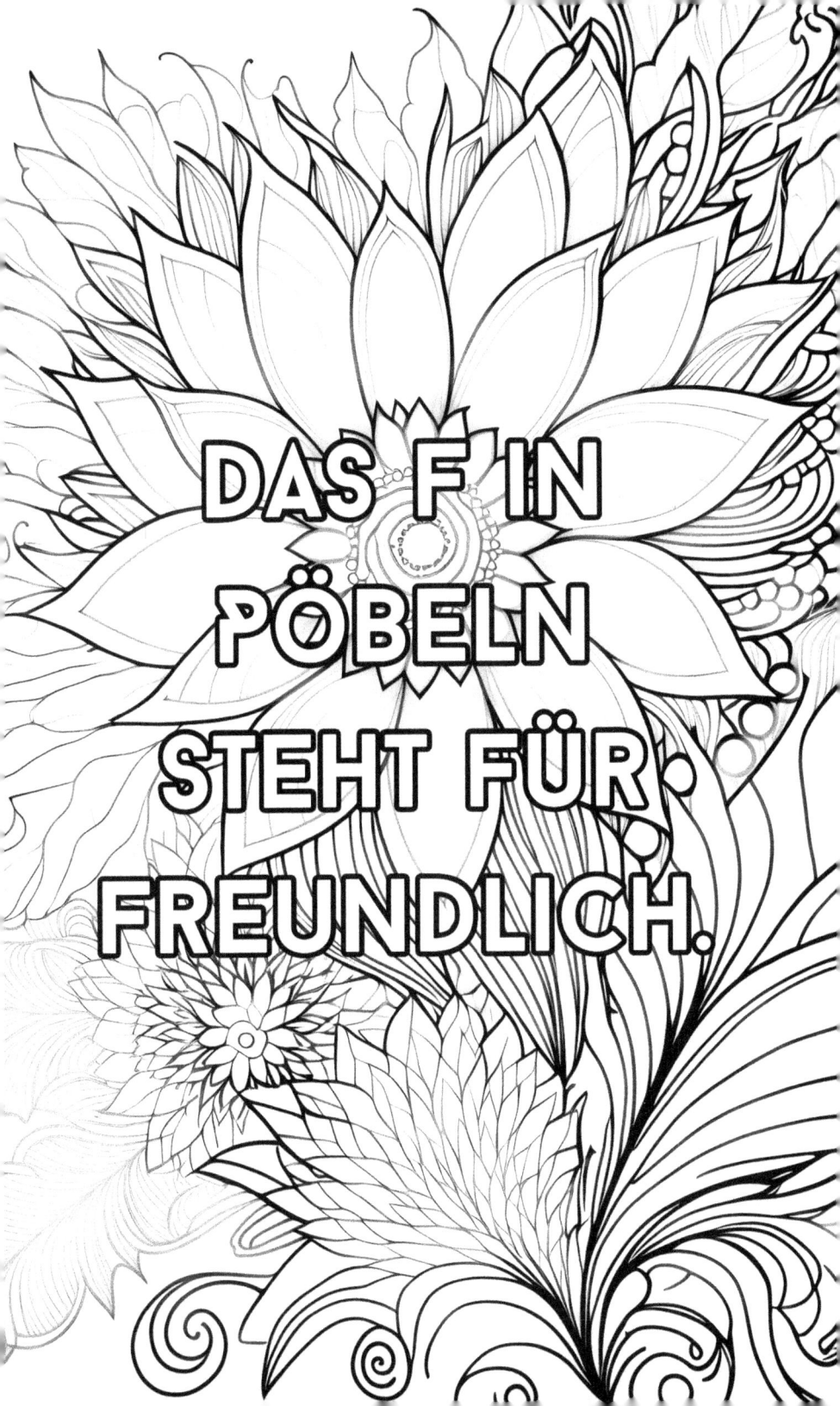

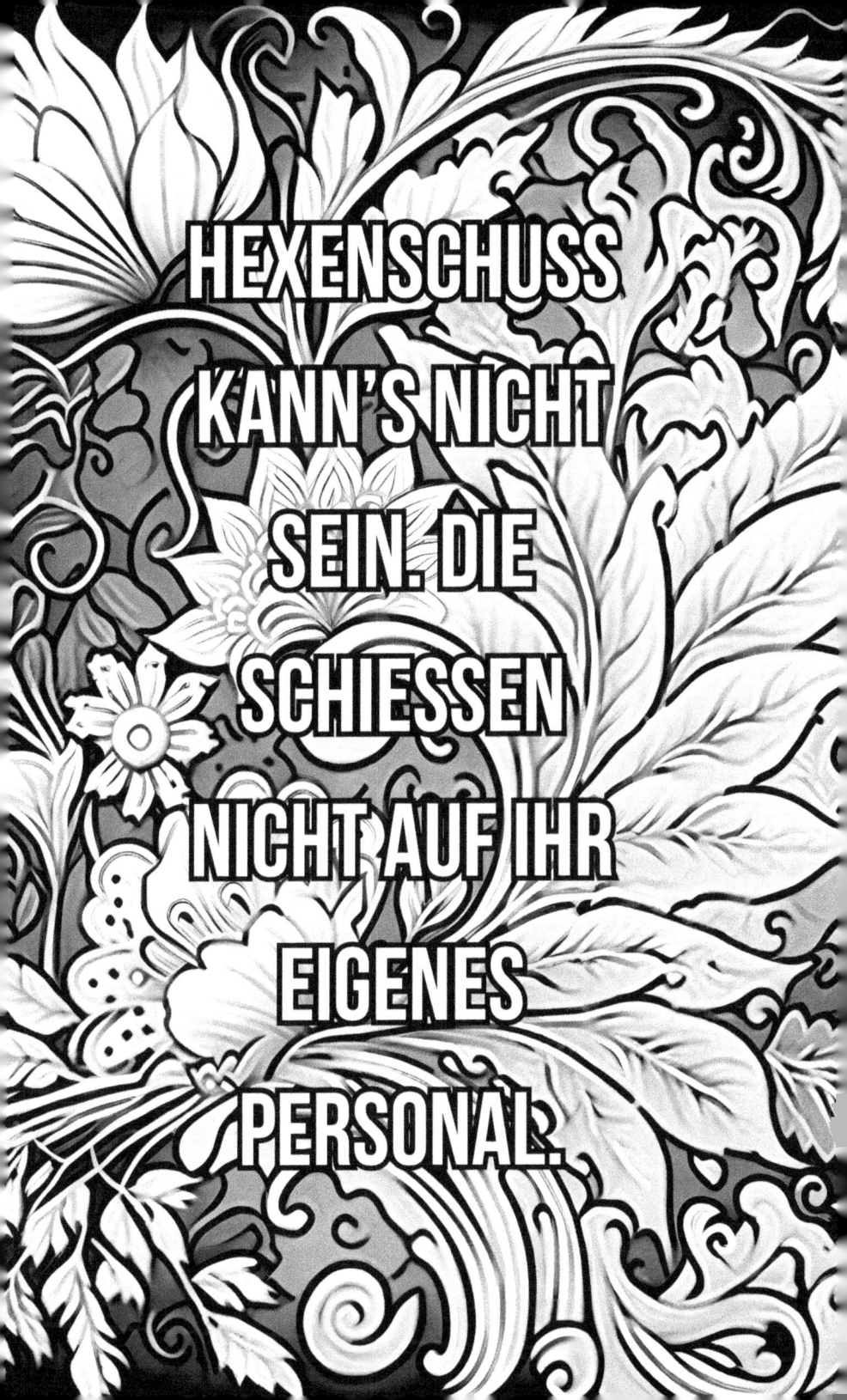

HEXENSCHUSS KANN'S NICHT SEIN. DIE SCHIESSEN NICHT AUF IHR EIGENES PERSONAL.

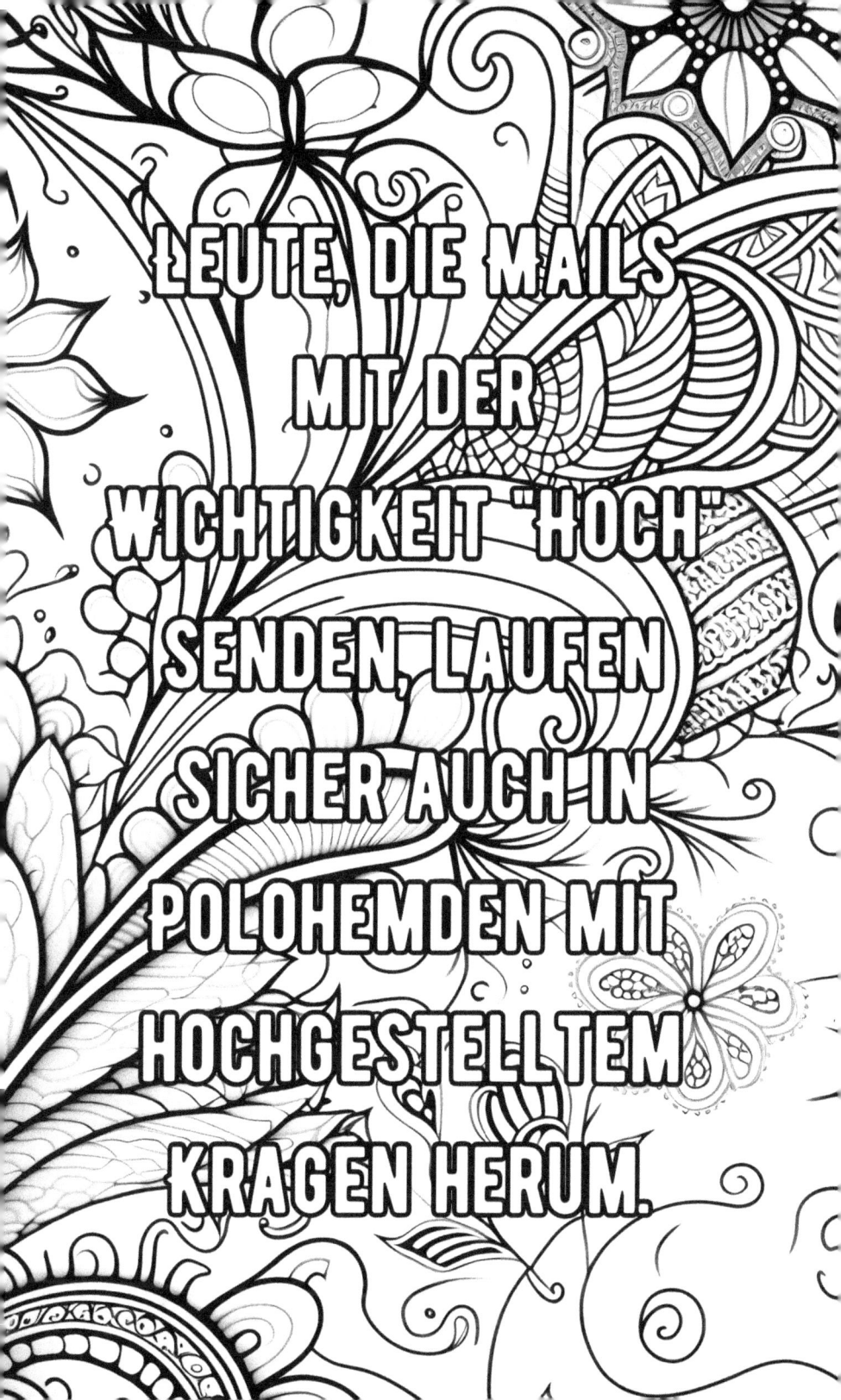

LEUTE, DIE MAILS MIT DER WICHTIGKEIT "HOCH" SENDEN, LAUFEN SICHER AUCH IN POLOHEMDEN MIT HOCHGESTELLTEM KRAGEN HERUM.

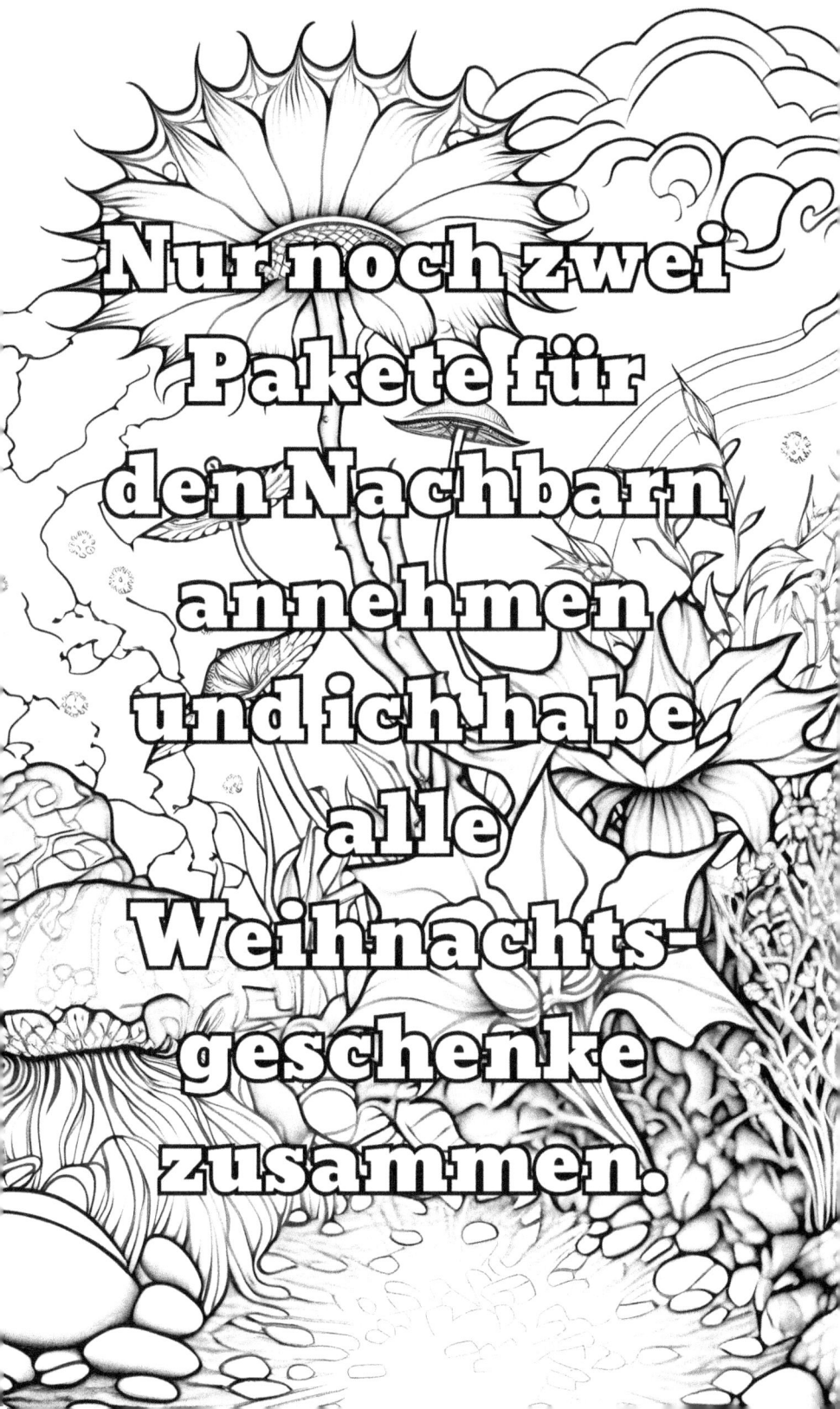

Nur noch zwei Pakete für den Nachbarn annehmen und ich habe alle Weihnachts- geschenke zusammen.

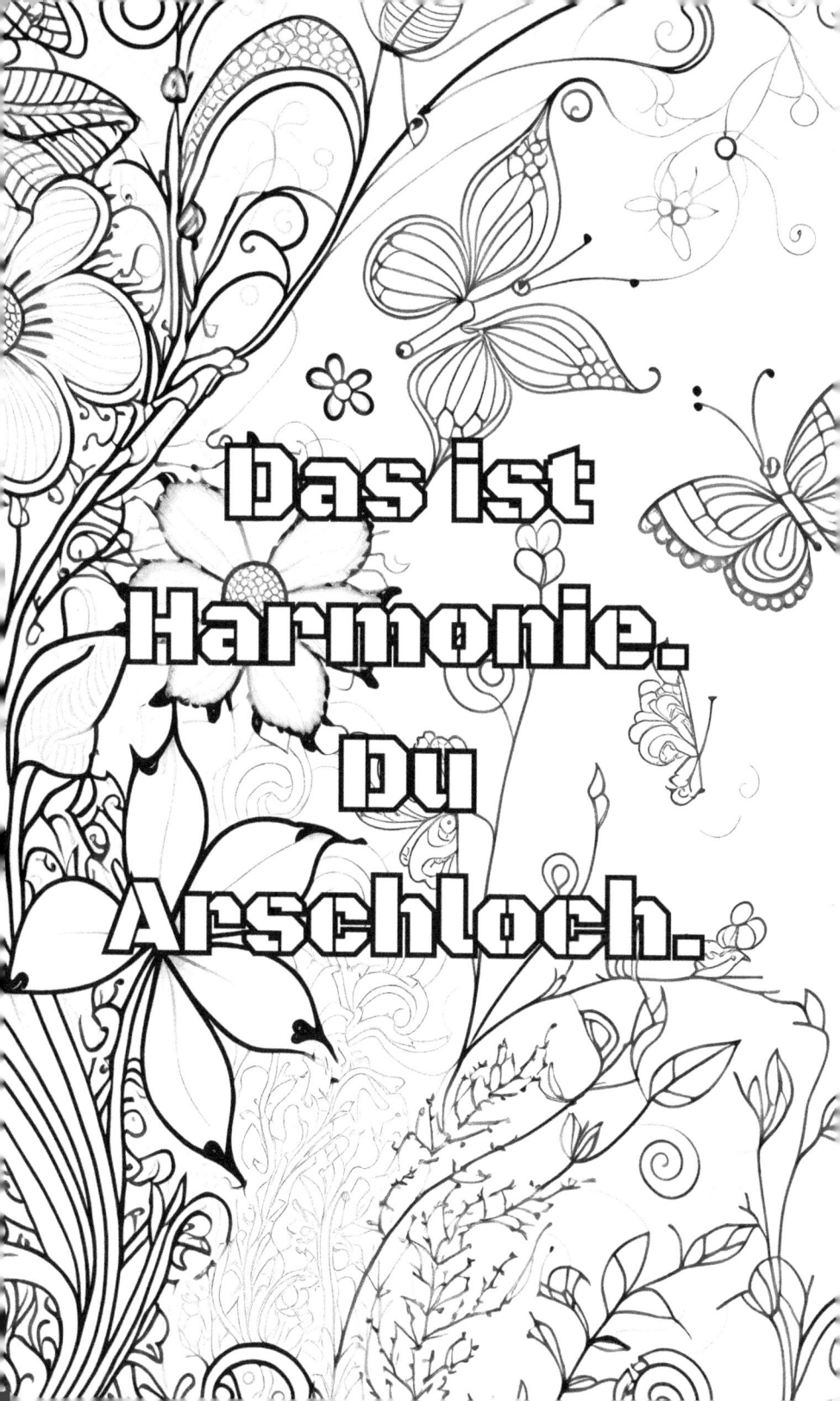

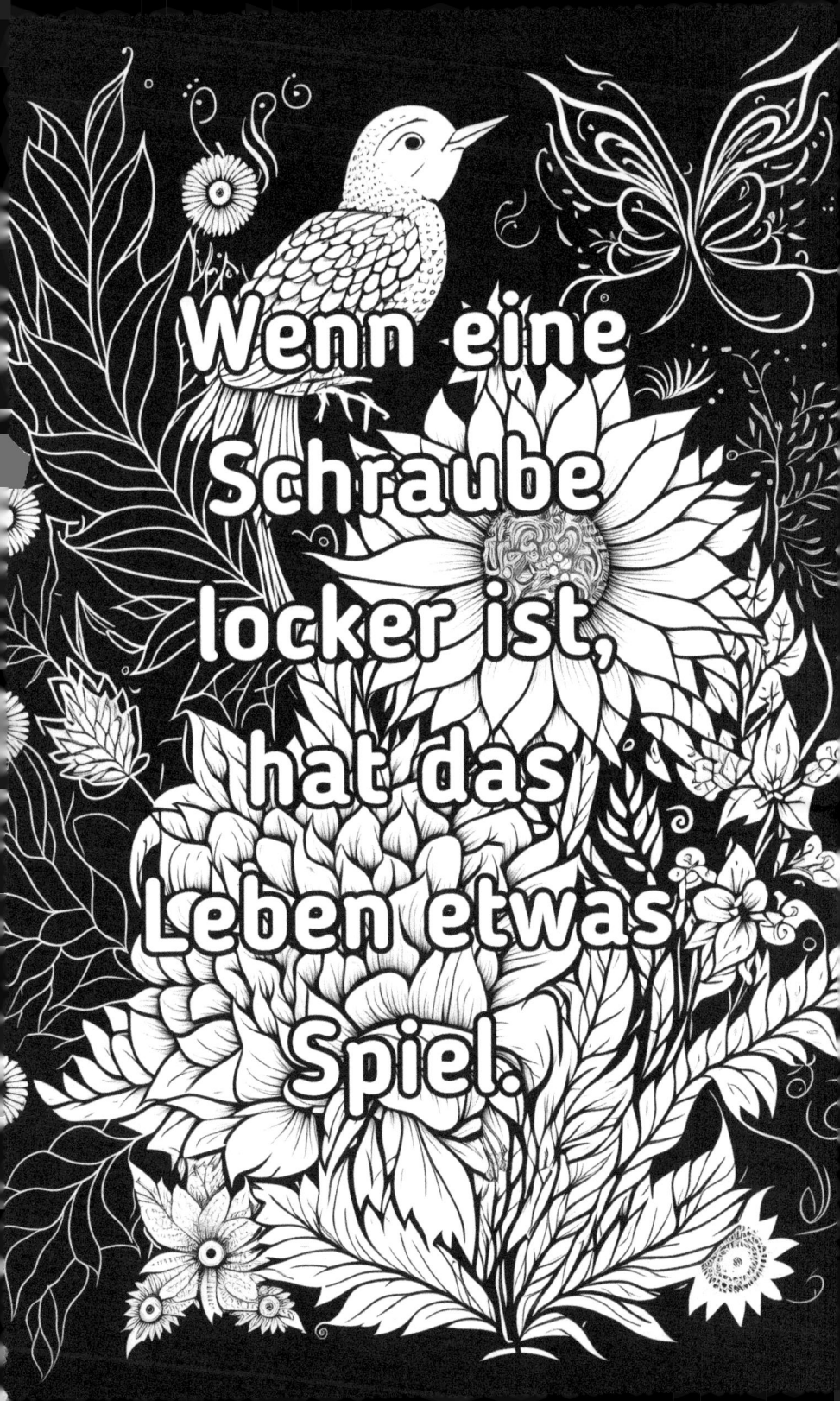

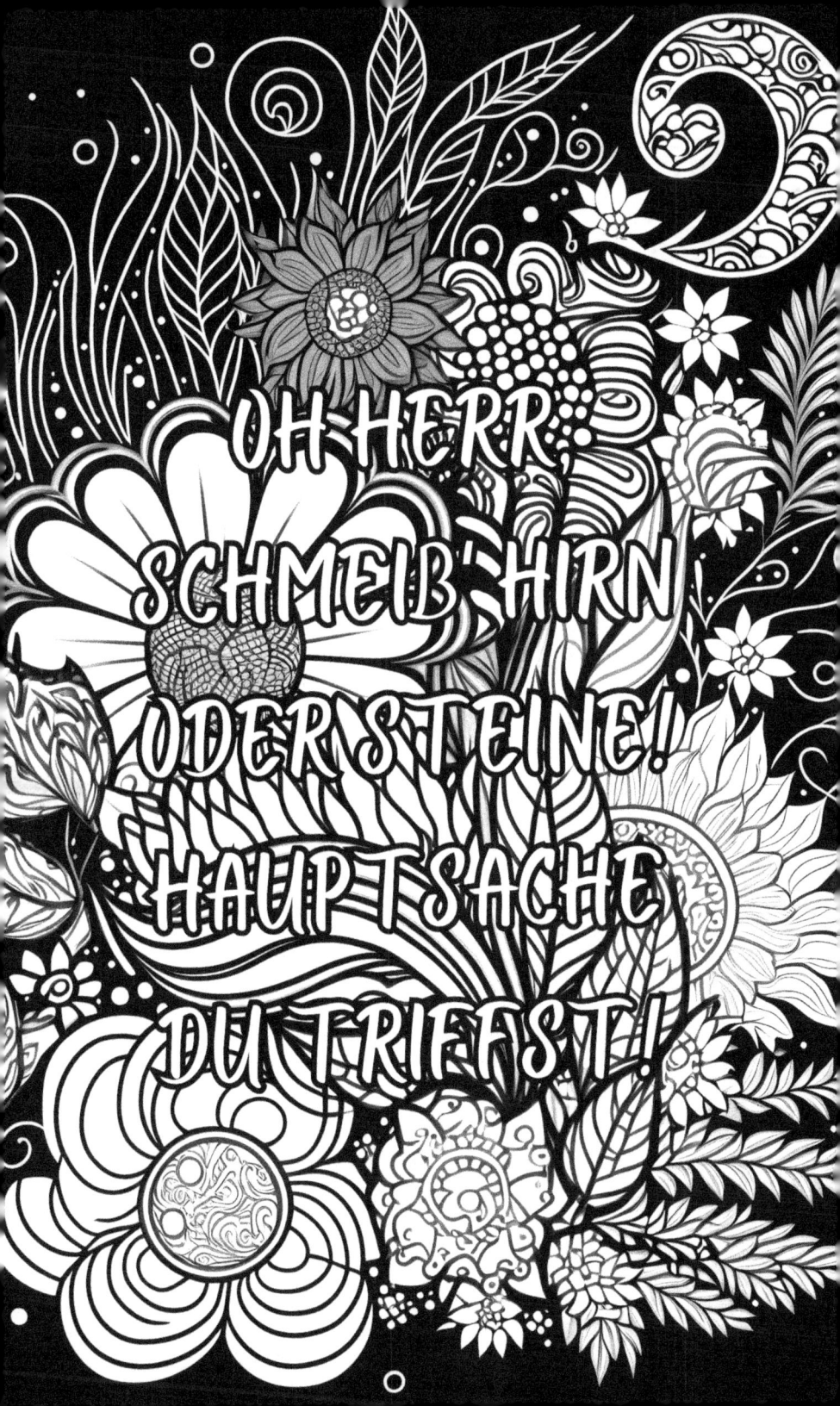

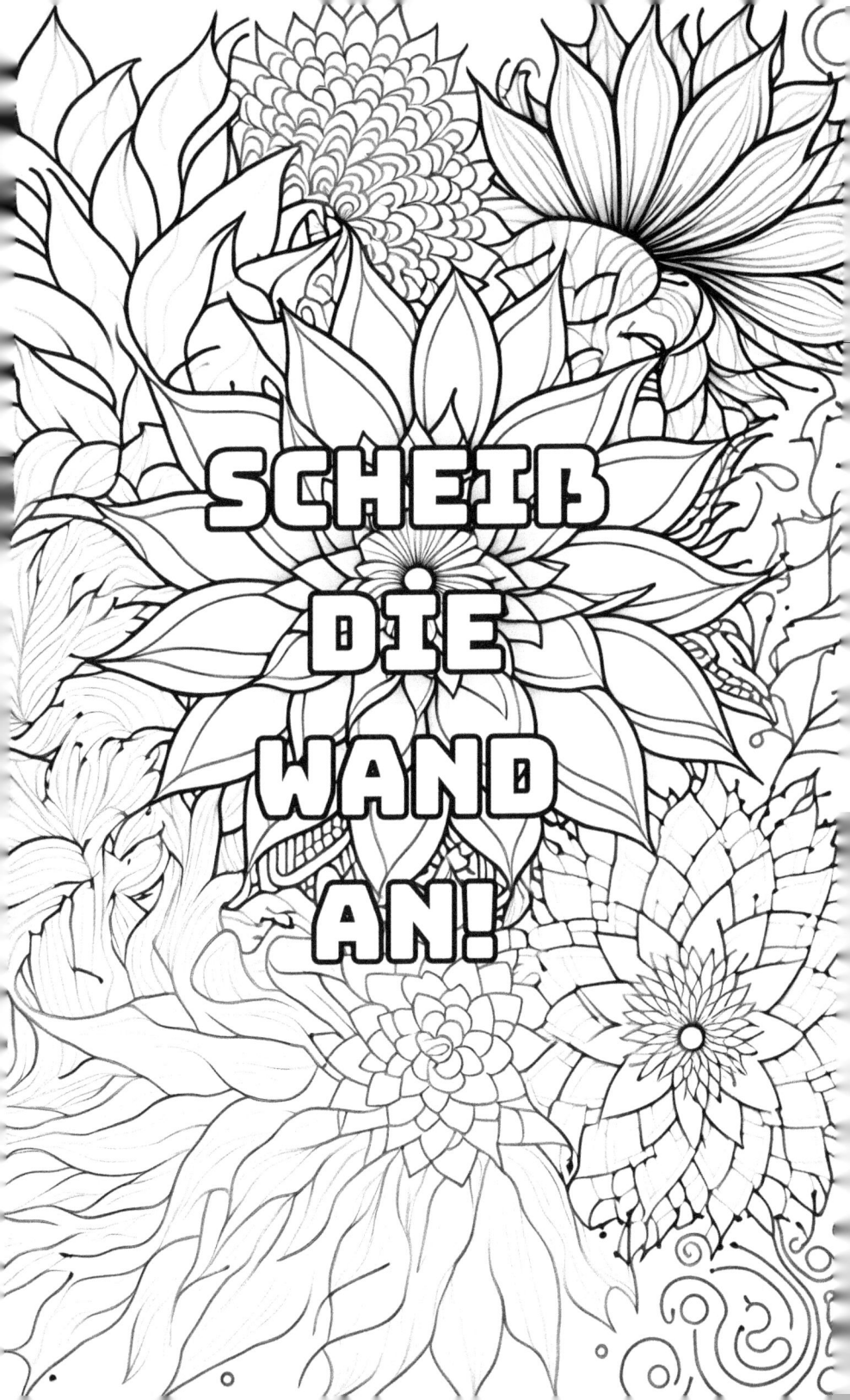

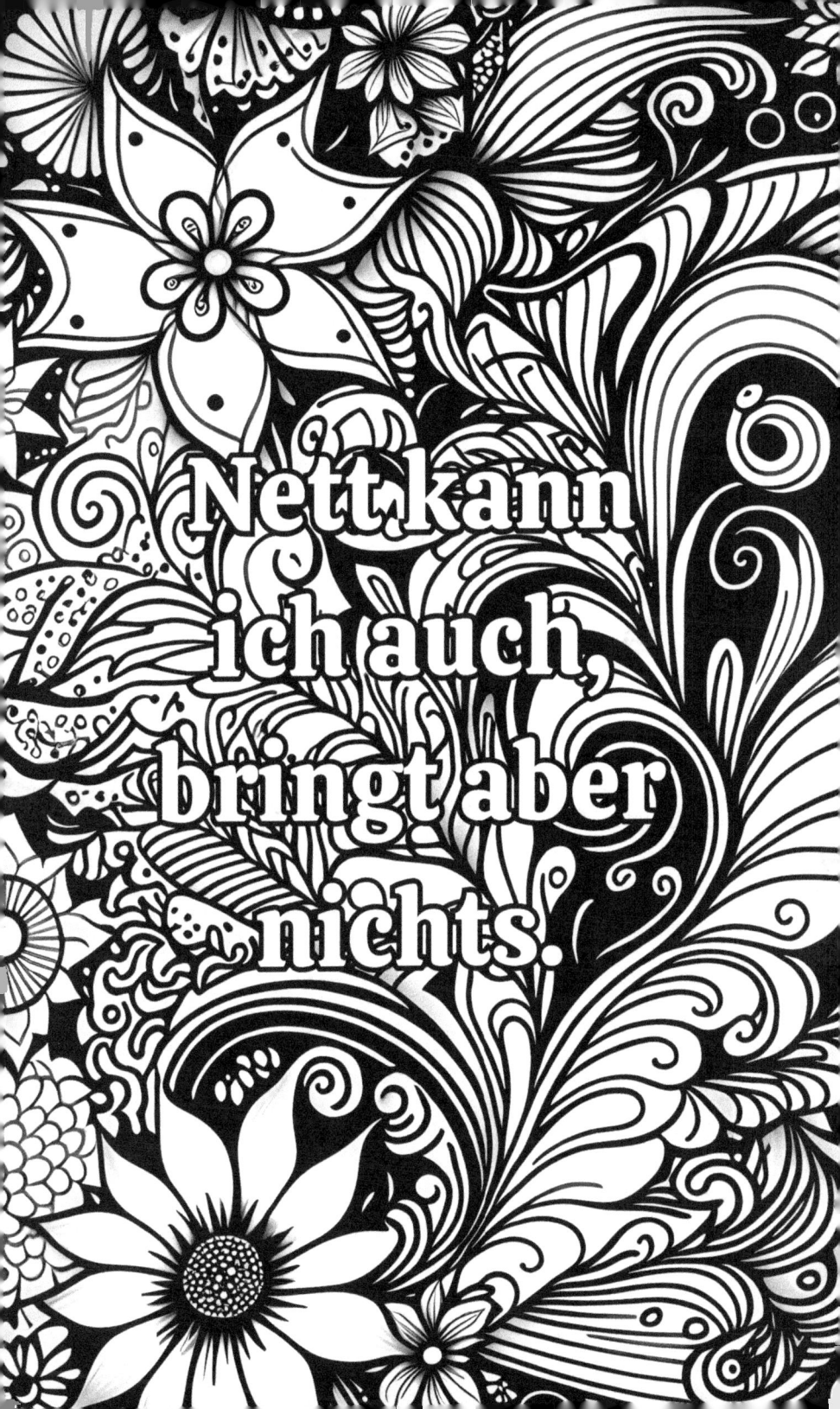

Nett kann ich auch, bringt aber nichts.

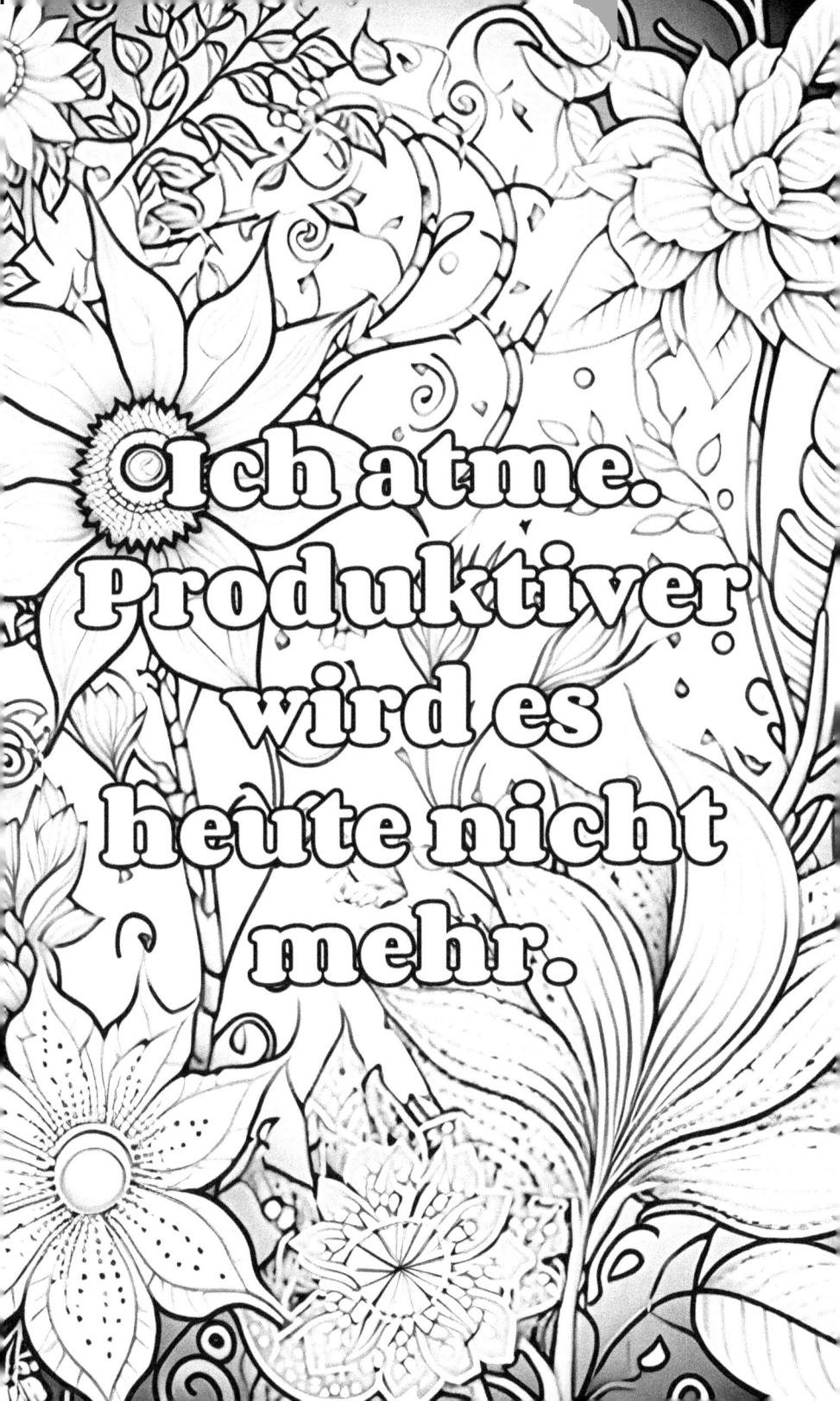

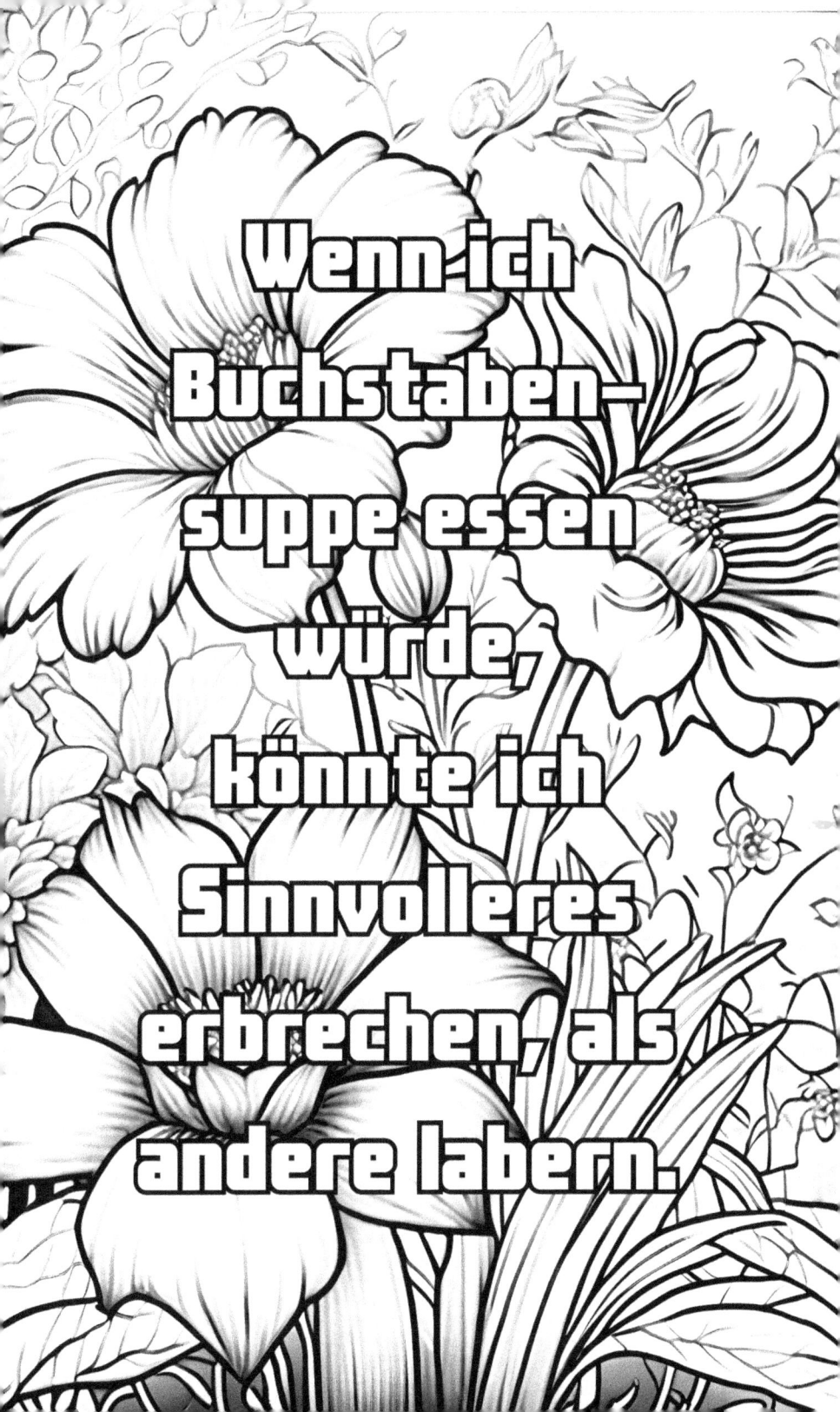

Wenn ich Buchstaben- suppe essen würde, könnte ich Sinnvolleres erbrechen, als andere labern.

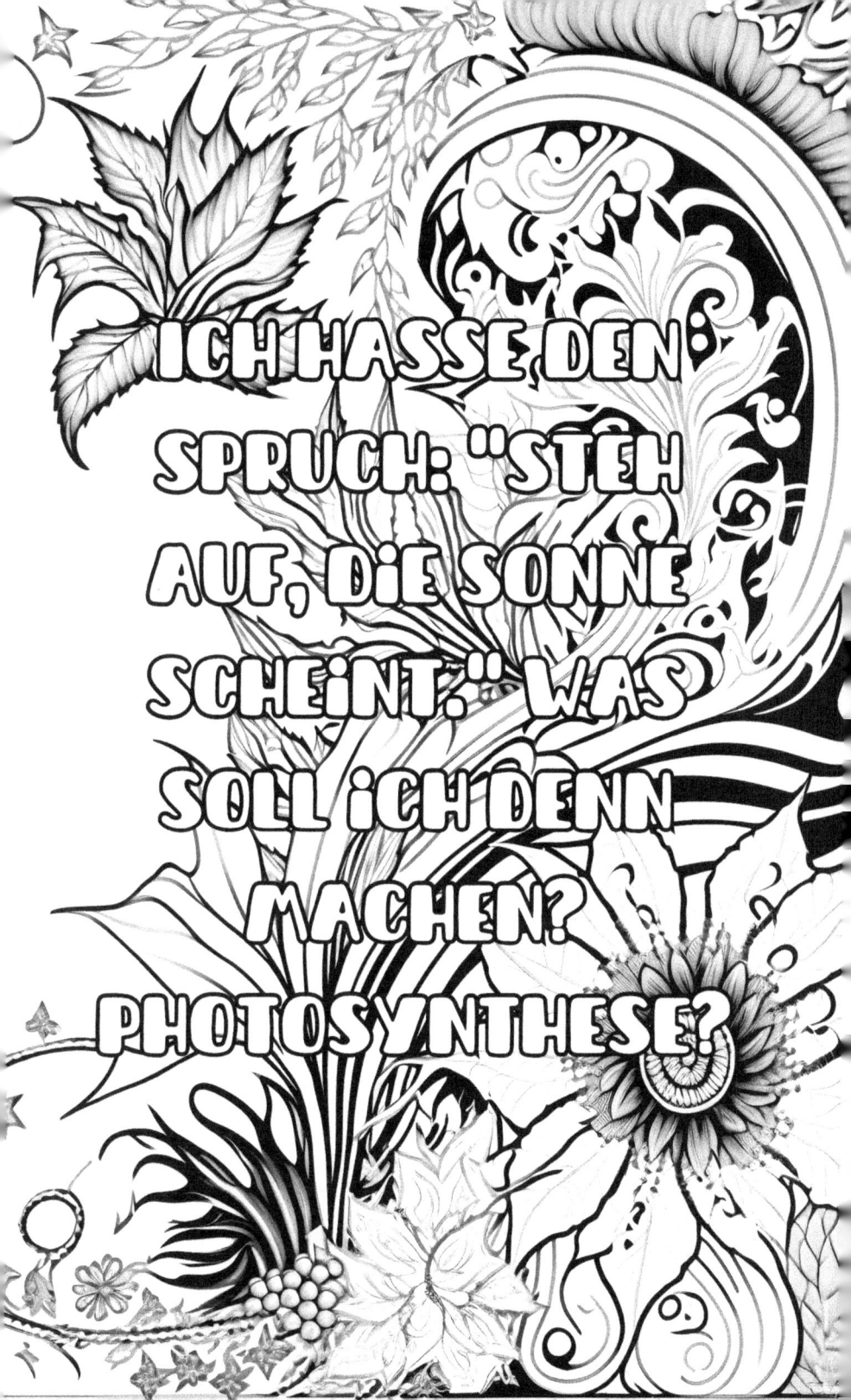

ICH HASSE DEN SPRUCH: "STEH AUF, DIE SONNE SCHEINT." WAS SOLL ICH DENN MACHEN? PHOTOSYNTHESE?

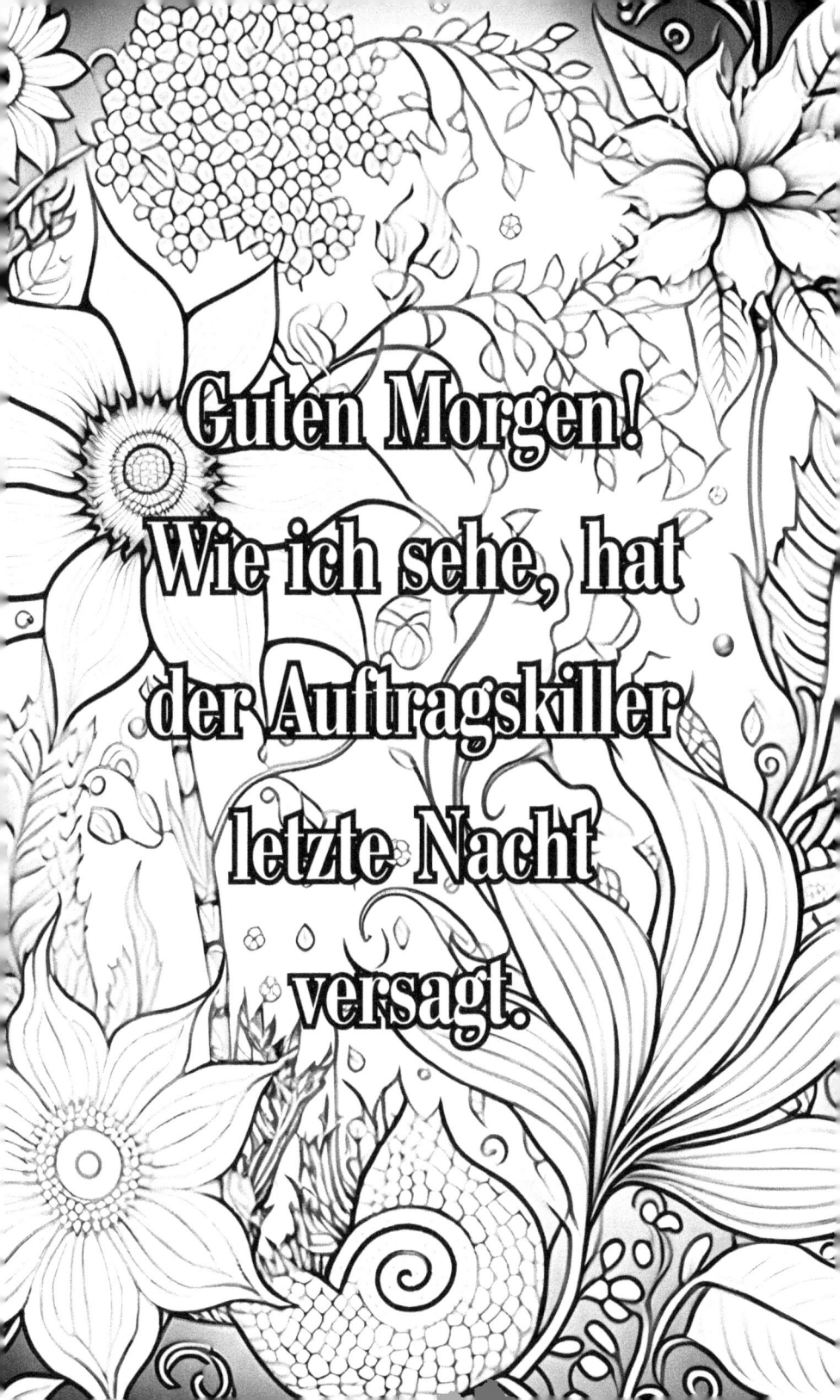

Guten Morgen!
Wie ich sehe, hat
der Auftragskiller
letzte Nacht
versagt.

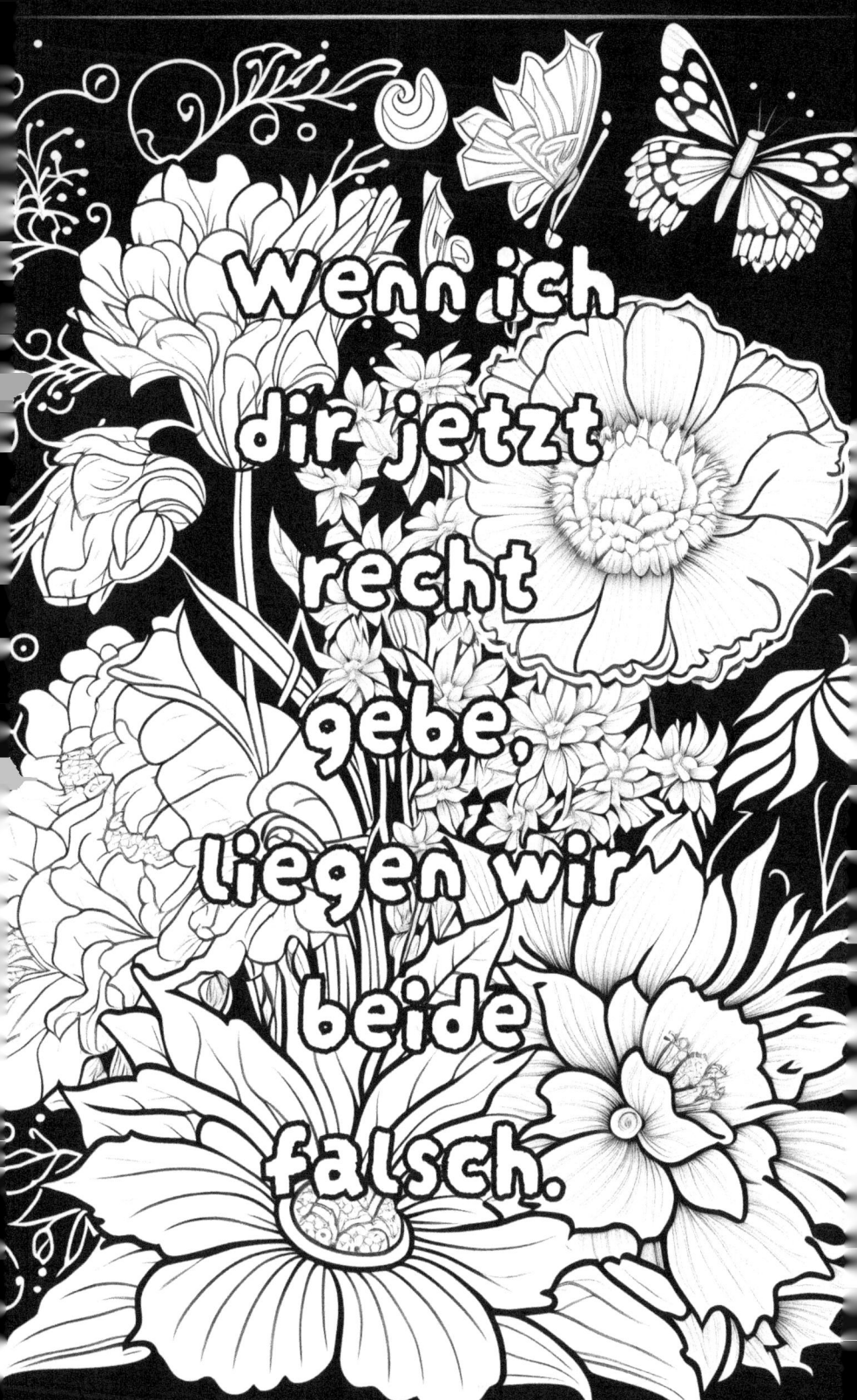

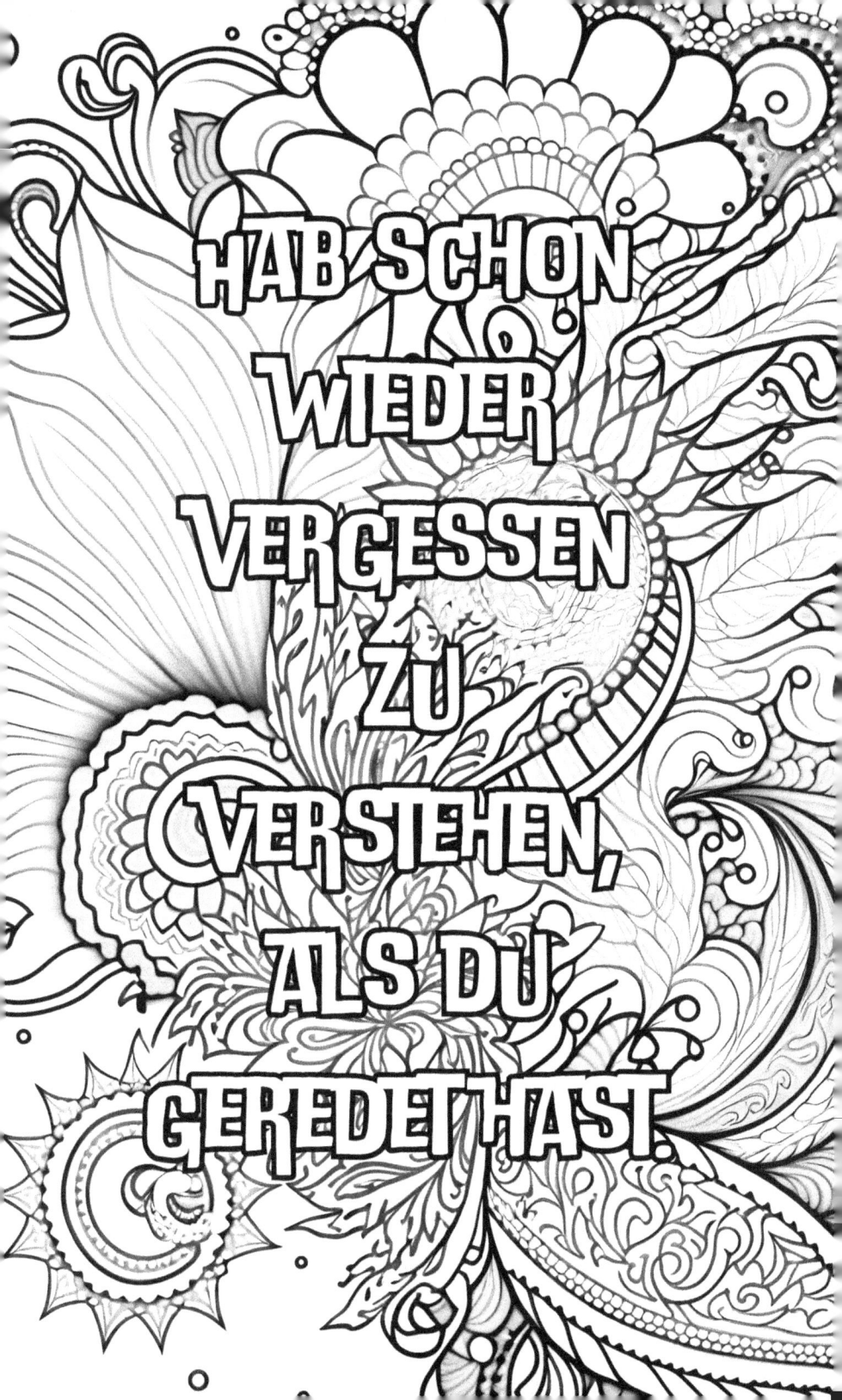

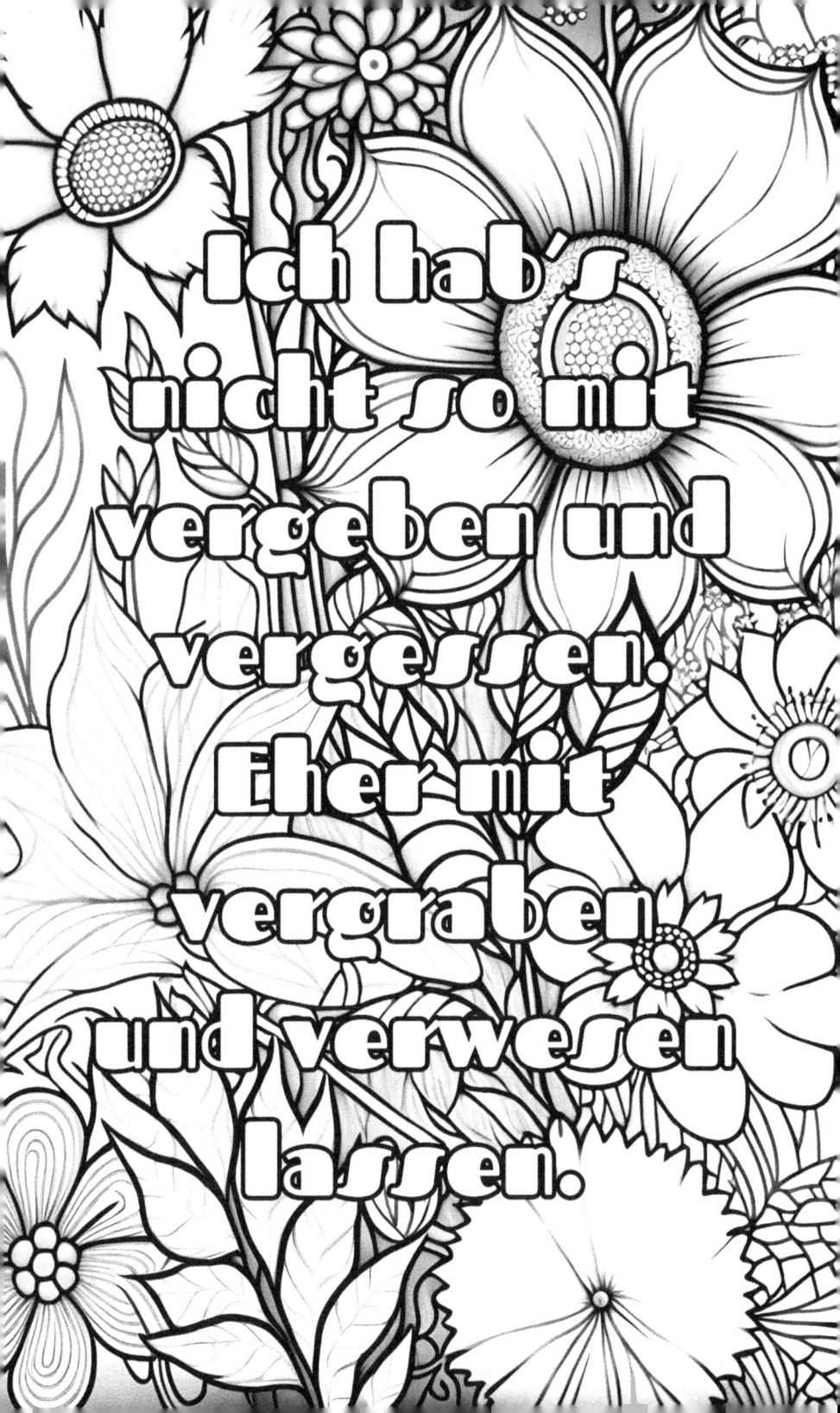

Ich hab's nicht so mit vergeben und vergessen. Eher mit vergraben und verwesen lassen.

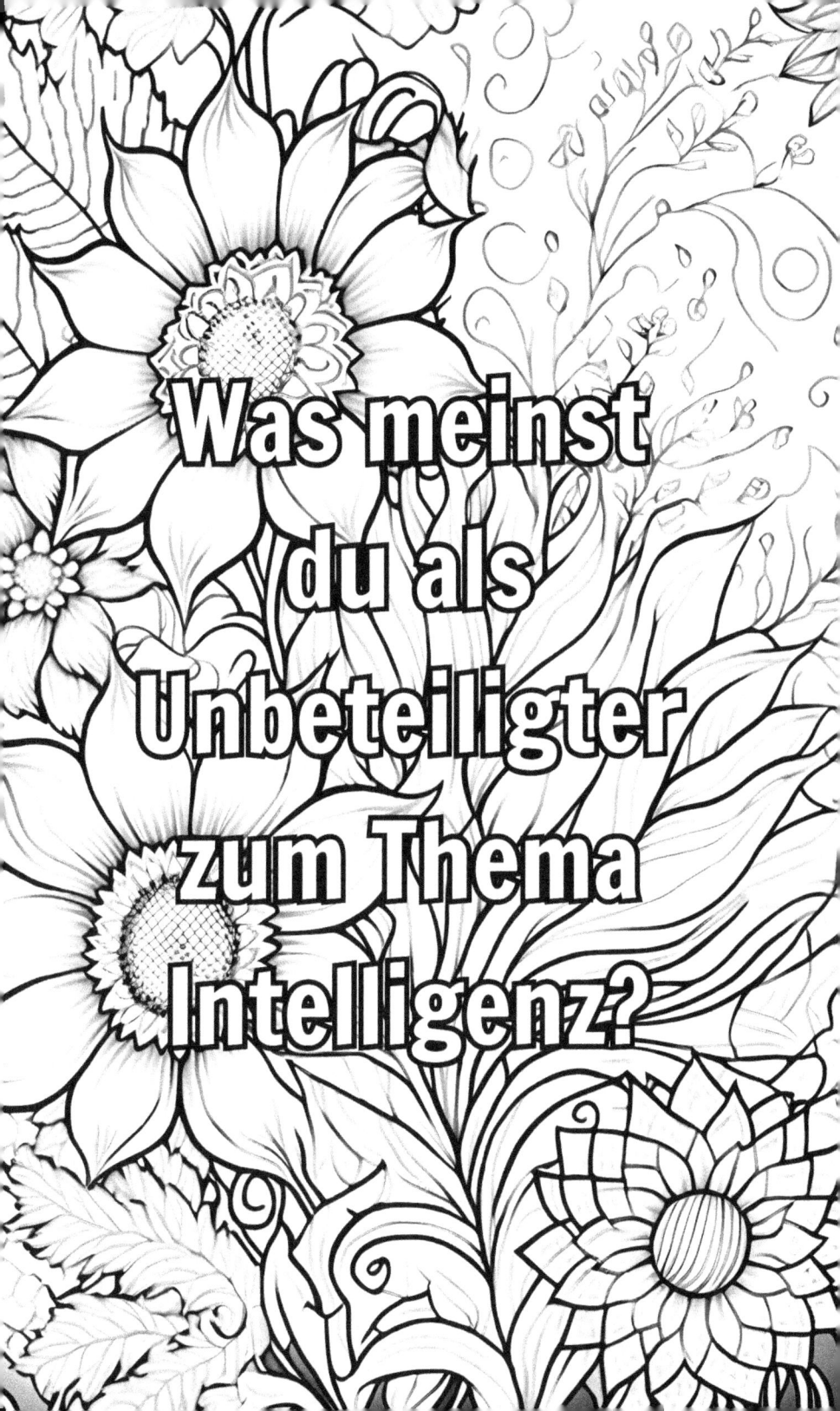

Was meinst du als Unbeteiligter zum Thema Intelligenz?

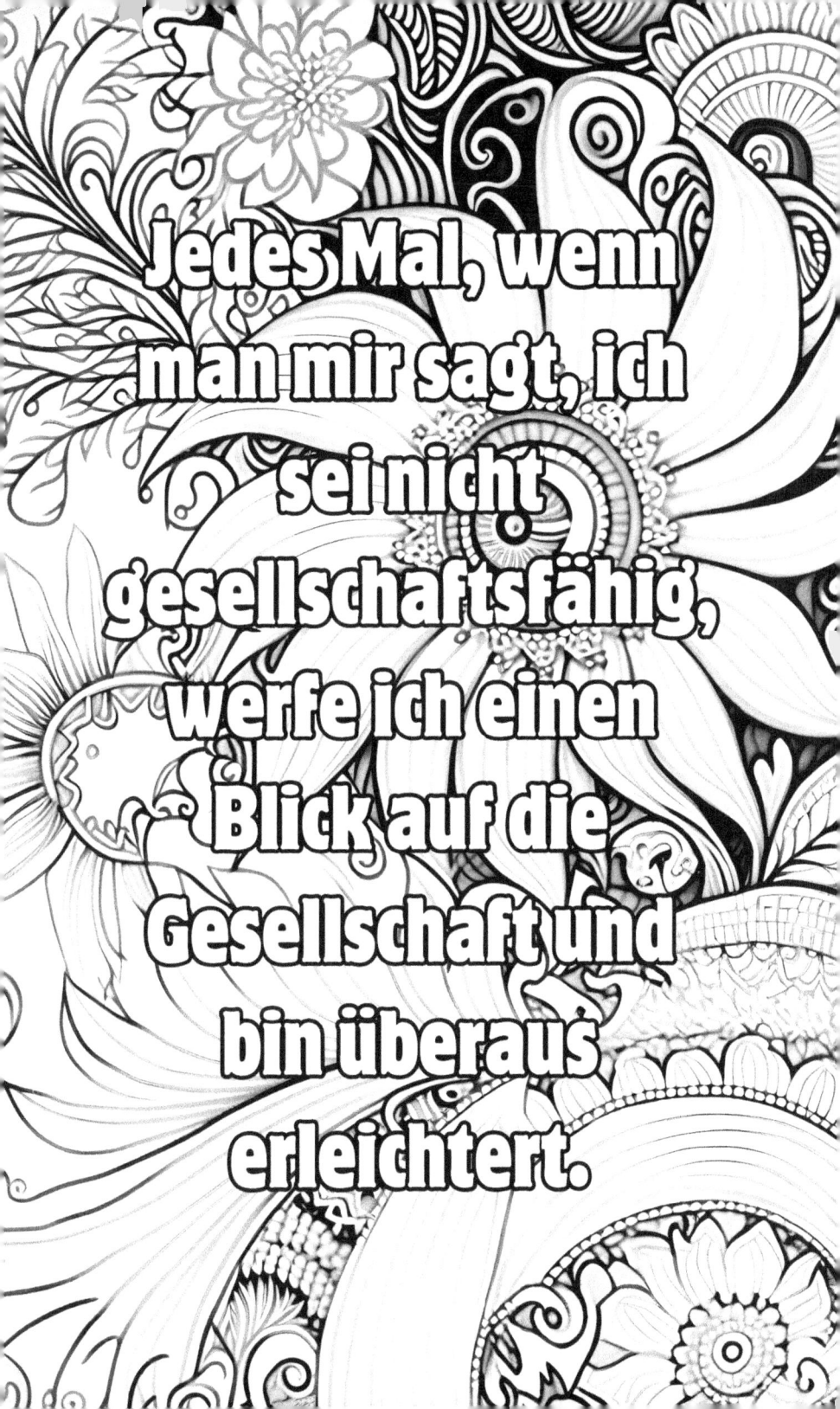

Jedes Mal, wenn man mir sagt, ich sei nicht gesellschaftsfähig, werfe ich einen Blick auf die Gesellschaft und bin überaus erleichtert.

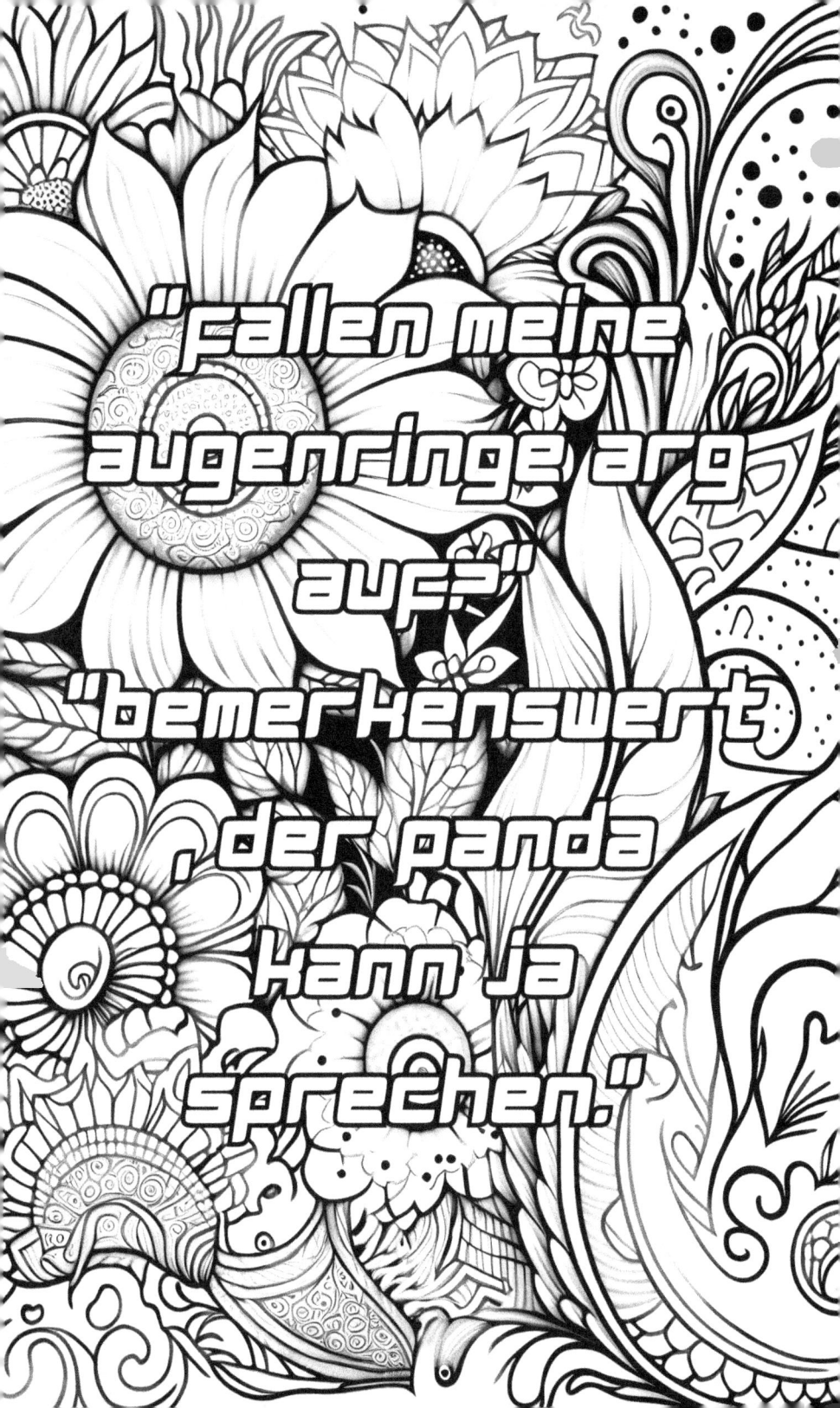

"fallen meine augenringe arg auf?"
"bemerkenswert, der panda kann ja sprechen."

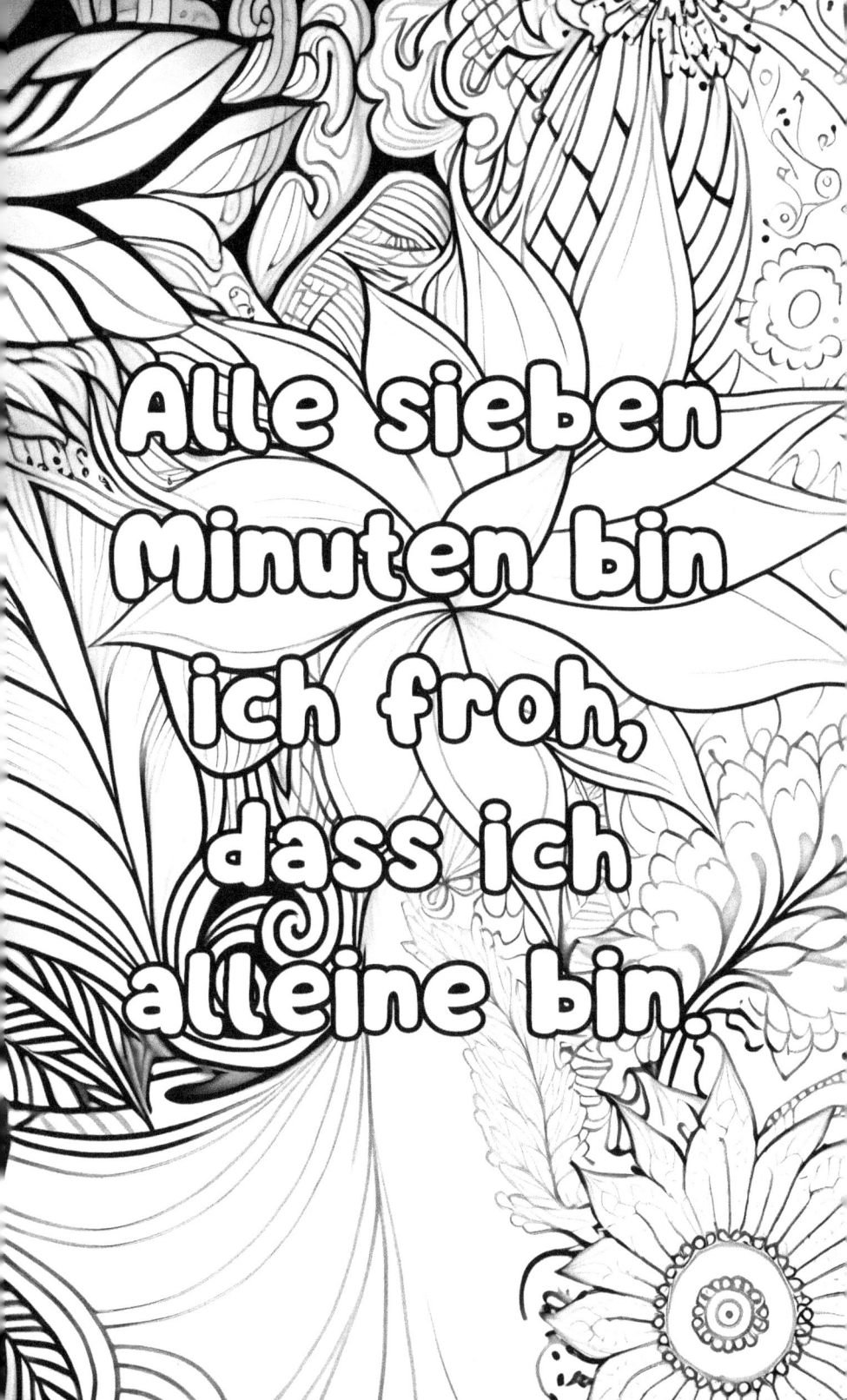

www.ingramcontent.com/pod-product-compliance
Lightning Source LLC
Chambersburg PA
CBHW062346290526
45794CB00005B/2118